CHARLES BERLITZ
WILLIAM L. MOORE

# DAS PHILADELPHIA EXPERIMENT

*Mit zahlreichen Abbildungen*

PAUL ZSOLNAY VERLAG
WIEN · HAMBURG

Berechtigte Übersetzung von
Elisabeth Hartweger


Originaltitel: The Philadelphia Experiment

Umschlag und Einband: Werner Sramek
Filmsatz: Typostudio Wien
Druck und Bindung: Wiener Verlag
Printed in Austria
ISBN 3-552-03100-6

**CIP-Kurztitelaufnahme der Deutschen Bibliothek**
**Berlitz, Charles:**
Das Philadelphia-Experiment / Charles Berlitz; William L. Moore.
(Berechtigte Übers. von Elisabeth Hartweger.) –
Wien, Hamburg: Zsolnay, 1979.
Einheitssacht.: The Philadelphia experiment (dt.)
ISBN 3-552-03100-6
NE.: Moore, William L.

Den Pionieren der Wissenschaft gewidmet,
deren Suche nach dem Wissen sie zu
fernsten Sternen und verborgensten Welten führt.

Wenn ein hervorragender, aber nicht mehr ganz junger Wissenschaftler behauptet, daß etwas möglich ist, hat er sicherlich recht. Behauptet er aber, daß etwas unmöglich ist, hat er wahrscheinlich unrecht.

ARTHUR C. CLARKE

Das größte Hindernis für den wissenschaftlichen Fortschritt ist die Weigerung einiger Leute, Wissenschaftler mit eingeschlossen, zu glauben, daß unbegreiflich scheinende Dinge wirklich geschehen können.

GEORGE S. TRIMBLE, Direktor des
NASA Manned Spacecraft Center in Houston

# Inhalt

# Bilderverzeichnis

# Einleitung

Während der Forschungsarbeiten zu meinem Buch *Das Bermuda Dreieck** stieß ich auf einen Vorfall, der weit über die Begriffe der anerkannt wissenschaftlichen Möglichkeiten hinausgeht und fast ans Unglaubliche grenzt. In einem früheren Zeitalter wäre er wahrscheinlich leichter geglaubt worden – als ein Blendwerk von Zauberei und Hexenkunst. Denn dieser angebliche Vorfall ist nicht mehr und nicht weniger als der gelungene Versuch, ein Schiff unsichtbar zu machen – so geschehen im Jahr 1943 auf dem gar nicht magischen Schauplatz der Marinewerft von Philadelphia.

Nach einer der Versionen über diesen Vorfall wurde ein Zerstörergeleitschiff durch eine Reihe magnetischer Manifestationen zum zeitweisen Verschwinden und Wiedererscheinen *an einen anderen Ort* gebracht. Detailliertere Versionen berichten von Auflösungserscheinungen bei den Mannschaftsmitgliedern, von psychischen Nachwirkungen und Todesfällen und daß die Versuche aus diesen Gründen abgebrochen wurden.

Vom Marineinformationsbüro wird dieser Vorfall oder diese Geschichte oder Legende beharrlich dementiert, doch genauso beharrlich verbreitet sie sich weiter. Sie wird immer wieder publiziert und immer wieder von Leuten bestätigt, die meist nicht namentlich genannt werden wollen und behaupten, Zeugen dieses Ereignisses gewesen zu sein, das mangels eines besseren (Code-)Namens als das „Philadelphia-Experiment" bezeichnet wird.

Mein besonderes Interesse am Philadelphia-Experiment galt der Möglichkeit, daß eine Verschiebung in der Molekularzu-

* Paul Zsolnay Verlag, Wien/Hamburg 1975

sammensetzung der Materie durch intensivierten und resonanten Magnetismus ein Ding zum Verschwinden bringen könnte – was eine Erklärung für einige der Fälle von spurlosem Verschwinden im Bermuda-Dreieck wäre. Wenn ich während meiner Vortragsreisen durch die USA und Europa das Philadelphia-Experiment erwähnte, konnte ich ein außergewöhnlich starkes Interesse beim Publikum und überraschenderweise gelegentlich das Wiederauftauchen von „Zeugen" mit einer Vorliebe für Anonymität feststellen.

Vor zwei Jahren machte ich anläßlich der Vorlesung in einem College die Bekanntschaft eines jungen Englisch-Lehrers und Schriftstellers mit einem Hang zur Forschung. Sein an Besessenheit grenzendes Interesse für die Geschichte des Philadelphia-Experiments hatte ihn schon in die verschiedensten Landesteile geführt, und durch seine entschlossene Ausdauer war es ihm gelungen, die ablehnende Haltung offizieller Stellen zu überwinden, zweckdienlich verlorengegangene Dokumente aufzustöbern und das Gedächtnis vergeßlicher Zeugen aufzufrischen. Er hatte sogar jene Wissenschaftler ausfindig gemacht, deren enge Beziehung zu diesem Experiment, „das niemals stattfand", sie veranlaßt hatte, ein zurückgezogenes, ruhiges Leben in äußerst entlegenen Gegenden zu führen – vielleicht aus Gründen der Gesundheit (oder des Überlebens).

Der Name dieses unermüdlichen Forschers war Bill Moore. Der Inhalt seiner Untersuchungen wurde in unsere nachfolgende gemeinsame Arbeit aufgenommen. Diese Arbeit brachte Informationen zutage, welche der Öffentlichkeit bisher nicht zugänglich waren, und zeigt auf, daß jenes „unmögliche" Experiment tatsächlich stattgefunden hat. Die Forschungsarbeit selbst ist eine faszinierende Methode, offizielle Trägheit, Tarnung und Verschleierungstaktik zu überwinden. Die Schlußfolgerung ist überwältigend, denn wenn das Experiment wirklich wie beschrieben durchgeführt wurde, dann standen wir damals – und stehen vielleicht noch heute – an der Schwelle zu der Entdeckung, wie wir Objekte und Personen, andere und uns selbst, unsichtbar machen können – einer der ältesten Träume der Menschheit.

Doch weder dieser noch andere uralte Träume scheinen unerreichbar zu sein, besonders seit 1945 in Alamogordo der Traum von höchster und explosivster Macht Wirklichkeit wurde. Gleichzeitig wurden damals noch mindestens zwei weitere ungewöhnliche Projekte verfolgt, als die USA 1943 angestrengt nach ungewöhnlichen Hilfsmitteln der Verteidigung suchte. Eines davon befaßte sich mit Anti-Schwerkraft und das andere mit Unsichtbarkeit, doch wurde die Arbeit an diesen Projekten nach dem offensichtlichen Erfolg der Atombombe angeblich abgebrochen.

Das vorliegende Buch bringt konkrete Argumente für die Aktualität jenes Experiments, das sich mit dem Problem der Unsichtbarkeit befaßte. Gleichzeitig sollte man bedenken, daß die wichtigsten Entdeckungen der Wissenschaft nicht unbedingt Kriegszeiten vorbehalten bleiben müssen, wie das Beispiel der friedlichen Weltraumforschung zeigt.

Falls das Philadelphia-Experiment wirklich an der Schwelle des Erfolgs abgebrochen wurde, wäre es angezeigt, es von neuem aufzunehmen oder weiterzuführen. Das Universum um uns erweitert sich ständig, und wir sollten nicht innehalten, sondern weiter danach streben, die kosmischen Geheimnisse von Materie, Raum und Zeit zu erforschen.

Charles Berlitz

# 1

## Begegnung mit dem Unerklärlichen

Die Gegend um Colorado Springs ist zu allen Jahreszeiten von ungewöhnlicher Schönheit, doch ganz besonders reizvoll ist sie im Spätsommer, wenn kühle Nächte die Hitze des Tages mildern und der Himmel in kristallener Klarheit leuchtet. Es war an einem solchen Abend im Jahr 1970, als die beiden Flieger James Davis aus Maryland und Allen Huse aus Texas nichts besonderes vorhatten und deshalb, ausgerüstet mit einer Kamera, zu einem Spaziergang im nahen War Memorial Park aufbrachen. Die Luft war mild und angenehm, und als es dämmerte, begann Huse, den Mond zu fotografieren. Davis schlenderte ziellos durch den Park und genoß die Abwechslung von der täglichen Routine des nahen Luftwaffenstützpunktes von Colorado Springs, wo die beiden Männer nun schon seit einigen Monaten stationiert waren.

Plötzlich wurde Davis angesprochen. Er hatte den Mann schon vorher um das Kriegerdenkmal herumstreichen sehen – ein irgendwie seltsam anmutender kleiner Mann mit beginnender Glatze, ziemlich ungepflegt. Davis erinnert sich besonders an den eigenartig entrückten Ausdruck in seinen Augen und daß er darauf gefaßt war, angebettelt zu werden. Doch er hatte sich getäuscht.

„Ich sehe, Sie sind bei der Luftwaffe", sagte der Mann. „Wie gefällt's Ihnen da?"

Davis antwortete, daß er soweit eigentlich ganz zufrieden wäre, wenn nur der tägliche Drill nicht so streng wäre. „Keine Zeit zum Ausspannen", sagte er.

Der Mann stimmte ihm zu.

Ein Wort gab das andere, und bald waren die beiden ins Gespräch vertieft.

„Wissen Sie", sagte der kleine Mann, „ich war mal Offizier. Bei der Marine, im Krieg. Aber sie haben da was mit mir angestellt. Und dann haben sie mich weggeschickt. Weil ich verrückt bin, sagen sie." Er tippte sich leicht mit dem Zeigefinger an die Stirn. „Bin ich aber nicht, wissen Sie. Da war nur das Experiment dran schuld. Habe einfach den Druck nicht vertragen. Und darum haben sie mich rausgeschmissen."

Er kramte eine Brieftasche heraus und präsentierte einen abgenutzten und offensichtlich abgelaufenen Ausweis. „Sehen Sie", sagte er. „Marine. Wie ich gesagt habe."

Davis wurde neugierig. „Experiment?" fragte er. „Von welchem Experiment reden Sie eigentlich?"

Die Antwort traf ihn wie ein Schlag.

„Unsichtbarkeit", sagte der Mann. „Sie wollten ein Schiff unsichtbar machen. Wäre ja auch perfekte Tarnung gewesen, wenn's funktioniert hätte. Und es *hat* sogar funktioniert. Mit dem Schiff, meine ich. Aber wir an Bord . . . also, mit uns, da hat das nicht so richtig geklappt. Wir haben die Wirkung von diesem Kraftfeld einfach nicht vertragen. Das hat irgendwas mit uns angestellt. Hätte ich mich doch bloß nicht nach Philadelphia versetzen lassen! Es war streng geheim. Dabei hätte ich mich ja rechtzeitig drücken können. Tat ich aber nicht. Wenn ich doch nur die blasseste Ahnung gehabt hätte, in was ich mich da einlasse – ich hätte ihnen verdammt deutlich gesagt, wohin sie sich scheren können."

Davis fragte sich, ob er seinen Ohren trauen sollte oder nicht.

„Wovon reden Sie denn überhaupt?" fragte er. „Wollen Sie mir etwa erzählen, daß die Marine versucht hat, Sie unsichtbar zu machen? In einer Art Experiment oder so?"

„Elektronische Tarnung", war die Antwort. „So eine Art elektronische Tarnung, von pulsierenden Kraftfeldern erzeugt. Was für eine Art Energie sie dazu benutzt haben, weiß ich nicht. Aber jedenfalls war's eine ganz schöne Menge. Wir haben es nicht vertragen, keiner von uns. Wenn es uns auch auf verschiedene Art und Weise erwischt hat. Ein paar sahen nur doppelt, ein paar andere fingen an zu lachen und torkelten herum wie Betrunkene, und einige wurden ohnmächtig. Andere haben sogar behauptet, sie wären in eine andere Welt übergegangen und hätten seltsame, fremdartige Wesen gesehen und mit ihnen geredet. Und in manchen Fällen war die Wirkung nicht vorübergehend – später hab ich erfahren, daß einige gestorben sind. Na, jedenfalls hab ich sie nicht wiedergesehen. Aber wir anderen, wir Überlebenden . . . Also, sie haben uns einfach laufenlassen. Dienstuntauglich, hieß das. Ausgemustert als geistig unausgeglichen und dienstunfähig. In den Ruhestand versetzt!" sagte er verbittert.

„Aber warum denn?" wollte Davis wissen.

Inzwischen hatte Huse aus der Entfernung ein paar Brocken dieser seltsamen Unterhaltung aufgeschnappt, kam herüber und gesellte sich zu den beiden. Davis stellte seinen Freund vor, und sie schüttelten einander die Hände.

„Angenehm", sagte der Mann.

Davis nahm das Gespräch wieder auf. „Meinen Sie damit, daß die Marine alle diese Männer als geistig unzurechnungsfähig entlassen hat, weil das Experiment schiefging?"

„Genau", sagte ihr geheimnisvoller Gesprächspartner. „Genau das haben sie gemacht. Natürlich haben sie uns erst mal für ein paar Monate aus dem Verkehr gezogen. Zur Erholung, haben sie gesagt. Und um uns zu überzeugen, daß das Ganze niemals passiert ist, glaube ich. Na egal, jedenfalls haben sie uns dann am Schluß zu strengstem Stillschweigen verpflichtet – obwohl natürlich sowieso kein Mensch an so eine Geschichte glauben würde, oder? Wie ist denn das mit Ihnen, Sie sind doch bei der Luftwaffe. Glauben *Sie* mir? Glauben Sie, was ich Ihnen erzähle?"

„Ich weiß nicht so recht", meinte Davis. „Ich gebe zu, das ist eine phantastische Geschichte. Beinahe zu phantastisch. Ich weiß wirklich nicht."

„Es ist aber wahr. Jedes verdammte Wort ist wahr. Natürlich haben sie uns genau deswegen als geistig unzurechnungsfähig entlassen. Für den Fall, meine ich, daß mal jemand in Versuchung kommt, das zu glauben. Aber so, wenn die Marine jemals deswegen gefragt wird, können sie das Ganze einfach so hinstellen, als wär's ein Märchen, das sich ein paar Irre zusammengereimt haben. Ganz schön schlau, vom Sicherheitsstandpunkt aus, das müssen Sie zugeben. Wer soll schon einem amtlich beglaubigten Wahnsinnigen glauben? Na, jedenfalls, das ist meine Geschichte."

Die beiden Flieger sahen sich an, und Huse verdrehte die Augen. Aber bevor sie sich noch entschließen konnten, wie sie auf diese bizarre Erzählung reagieren sollten, hatte der kleine Mann schon das Thema gewechselt und war eifrig mit Voraussagen über Sonnenflecken und das Wetter beschäftigt.

Nach einer Stunde oder so trennten sie sich, und die beiden Flieger machten sich auf den Rückweg zu ihrem Stützpunkt. Es war inzwischen dunkel geworden, und die Abendkühle drang durch ihre Uniformen.

Obwohl sie den seltsamen kleinen Mann nie wiedersahen, diskutierten Davis und Huse in den darauffolgenden Monaten mehrmals seine phantastische Geschichte. Huse, der ja nur einen Teil der Unterhaltung gehört hatte, war der skeptischere von beiden. Doch alle zwei waren im Zweifel, ob sie diesem sonderbaren Typ, den sie da im Park getroffen hatten, glauben sollten oder ob er tatsächlich verrückt war. Schließlich wurde Davis entlassen, und Huse wurde versetzt; sie verloren einander aus den Augen.

Einige Jahre später, im Januar 1978, bekam Davis das *Bermuda Dreieck* von Charles Berlitz in die Hand, und er war äußerst bestürzt, als er darin einen Bericht über das sogenannte Philadelphia-Experiment fand. Demnach hatte die Marine angeblich während des Zweiten Weltkriegs durch Anwendung von Kraftfeldern ein Zerstörergeleitschiff mitsamt seiner Mannschaft unsichtbar gemacht. Die Unterhaltung mit jenem seltsamen kleinen Mann fiel ihm wieder ein, und nachdem er einige Tage darüber nachgedacht hatte, entschloß er sich, an den Autor zu schreiben und seine Geschichte zu erzählen. In einem telefonischen Interview nannte Davis dann später Huse als den Freund, der damals dabei war, und bedauerte, nichts über seinen Aufenthaltsort zu wissen, da er ihn seit seiner Entlassung aus der Luftwaffe nicht mehr gesehen hatte. Er sei aber sicher, sagte er, daß Huse sich bestimmt an jenes Gespräch im Park erinnern und seine Geschichte bekräftigen könne, falls er ausfindig gemacht würde.

Eine Woche später war es Moore gelungen, Davis' ehemaligen Freund zu finden und mit ihm zu telefonieren. Huse konnte uns tatsächlich die Grundzüge von Davis' Geschichte bestätigen. Er erinnerte sich, daß er mit Davis zusammen den Fremden im Park getroffen hatte und daß sie öfter mal bei einem Glas Bier über ihn gesprochen hatten. Aber er drückte sich sehr verschwommen darüber aus, was der Mann ihnen eigentlich erzählt hatte.

„Das ist ja immerhin schon ein paar Jährchen her", sagte er. „Ich kann mich wirklich nicht mehr erinnern, wovon der Mann eigentlich geredet hat. Ich weiß nur noch, daß es da um sonderbare Dinge ging."

„Hat er vielleicht angedeutet, daß er einmal in eine Art Versuchsprojekt der Kriegsmarine in Philadelphia verwickelt war?" fragte Moore.

„Ja", erwiderte Huse nach kurzem Nachdenken. „Ja, ich glaube, daß er irgend etwas dergleichen behauptet hat – er brabbelte eine Menge wirres Zeug. Ich erinnere mich an keine genauen Einzelheiten mehr, aber von einem Experiment war die Rede. Allerdings habe ich dem Ganzen nicht viel Glauben geschenkt."

„Aber Einzelheiten fallen Ihnen nicht mehr ein?"

„Nein, eigentlich nicht. Vielleicht weiß Davis mehr als ich. Er hat schließlich damals diese Unterhaltung begonnen."

„Haben Sie in letzter Zeit etwas von Mr. Davis gehört?"

„Nein, nicht seit ich aus der Luftwaffe ausgetreten bin, und das war irgendwann im Juni 73." (Davis hatte gesagt, daß er Colorado Springs im August 1971 verlassen hatte.)

„Um auf den Mann im Park zurückzukommen: Warum hat er Ihrer Meinung nach ausgerechnet Ihnen und Ihrem Freund seine Geschichte erzählt?"

„Weiß ich nicht. Ich hatte allerdings damals den Eindruck, daß er uns regelrecht ausgesucht hatte. Wir waren in Uniform, und er wählte uns irgendwie aus. Es war, als ob er sein Herz ausschütten, etwas loswerden wollte. Und ausgerechnet wir sollten ihm zuhören. Wir haben im Dienst noch öfter über diese Begegnung gesprochen und auch ein paar Kameraden davon erzählt. Denen kam die ganze Sache ziemlich unheimlich vor."

„Haben Sie eine Idee, woher der Mann kam oder wo er wohnte?"

„Nein. Er tauchte einfach auf, und dann war er mehr oder weniger wieder verschwunden. Ich bin sicher, daß ich ihn wiedererkannt hätte, wenn er mir mal irgendwo in der Stadt über den Weg gelaufen wäre. Ist er aber nicht. Und im Park waren wir danach auch noch öfter."

„Erinnern Sie sich, ob er etwas über seine Dienstentlassung erzählte oder daß er durch ein Experiment verletzt worden wäre?"

„Mir scheint, er hat so etwas gesagt – daß das der Grund für seine Ausmusterung war. Sicher bin ich mir nicht. Aber es war etwas mit einem Experiment, da bin ich ganz sicher."

Damit war das Interview zu Ende. Es lieferte ein weiteres Teilchen zu dem seltsamen und geheimnisvollen Puzzle, das seit fast fünfunddreißig Jahren ungelöst war und auch jetzt noch unvollendet ist und vielleicht immer bleiben wird. Unsichtbarkeitsprojekte, Männer, die auf Nimmerwiedersehen verschwinden, andere Männer als geisteskrank abgestempelt, Anspielungen auf „fremdartige Wesen" aus dem All oder aus anderen Dimensionen – könnten all diese unglaublichen, aber möglicherweise zusammenhängenden Elemente im Grunde wahr sein?

Man zögert natürlich, solche Berichte und ihre Quellen ernst zu nehmen. Und doch haben sich seit über zwanzig

Jahren die Gerüchte gehalten, wonach es der US-Marine in Philadelphia während des Zweiten Weltkriegs unter strengsten Geheimhaltungsvorkehrungen gelungen sein soll, ein mächtiges elektronisches Kraftfeld zu bilden. Das geriet angeblich irgendwie außer Kontrolle, wodurch ein Schiff aus der Sicht verschwand und, wie einige berichten, durch „Teleportation" innerhalb von *Sekunden* von Philadelphia nach Norfolk und zurück versetzt wurde.

Unglaublich? Ja – vielleicht. Wenn jedoch alles Beweismaterial zusammengetragen und ausgewertet ist, wird diese Geschichte möglicherweise nicht mehr ganz so unglaublich sein. Untersuchungen des Unerklärlichen fördern gelegentlich Dinge zutage, die noch ungewöhnlicher sind als die ursprüngliche Legende. Dieser Fall ist keine Ausnahme.

# 2

# Leserbrief an einen Wissenschaftler

Die Vorgänge im Bermuda-Dreieck, die Sichtung nicht identifizierter fliegender Objekte, das rätselhafte Verschwinden von Schiffen und Flugzeugen, übersinnliche Phänomene ... all das sind Teile einer ständig wachsenden Liste von Geschehnissen und Ereignissen, die man jenem Niemandsland zwischen Wissenschaft und Phantasie zuordnen könnte, das man „das Unerklärliche" nennt. Die meisten Leser haben andere und vordringlichere Interessen und begnügen sich mit einem Achselzucken oder einem Schmunzeln, allenfalls tolerieren sie einen gelegentlichen Ausflug in den Bereich des Unerklärlichen als interessant – aber nur zu Unterhaltungszwecken. Andere sind hoffnungslos geblendet, und ihr Urteilsvermögen wird getrübt durch ihren inneren Drang nach Wahrheit, und was zuerst ganz harmlos als vorübergehendes Interesse begann, zieht sie unweigerlich in seinen Bann. Das beginnt mit jenem eigenartigen Prickeln gewöhnlicher Neugier und treibt einen ursprünglich nur oberflächlich interessierten Beobachter schließlich dazu, selbst die Antwort auf einige offene Fragen zu suchen.

Die eine oder andere sonderbare Geschichte schließlich reizt einen wißbegierigen Verstand dazu, ein Geheimnis erforschen und lösen zu wollen oder doch zumindest ein paar sachdienliche Fakten aufzustöbern und beizutragen.

Und wieder beginnt eine dieser unseligen „Nachforschungen", die im allgemeinen nicht viel weiter führen als bis zu einer Diskussion mit einem interessierten Freund, ein paar unbeantworteten brieflichen Anfragen oder einigen telefonischen Erkundigungen, die zu nichts führen – außer zu einer hohen Telefonrechnung. Doch gelegentlich, ganz selten, läßt das Schicksal den Wissensdurstigen über ein paar Fakten stolpern, die sich fast ohne große Anstrengung zu den ersten Gliedern einer Kette formen und zu einer viel phantastischeren Geschichte führen, als er sich zu Beginn seiner Nachforschungen hatte träumen lassen.

Wie jeder bestätigen kann, der sich einmal intensiver mit dem Bereich paranormaler Phänomene befaßt hat, kursieren unzählige Geschichten am Rande der Glaubwürdigkeit. Obwohl sie wieder und wieder diskutiert und gelegentlich auch von Spezialisten für übersinnliche Phänomene genauer untersucht werden, schaffen sie selten den Weg zur Veröffentlichung – weil man sie entweder für zu phantastisch und daher unglaubwürdig hält, oder weil sie einfach nicht genug Material für ein Buch bieten. Eine der bizarrsten und unglaublichsten dieser Geschichten, die seit Jahren immer wieder auftaucht und es nur zu gelegentlichen kurzen öffentlichen Erwähnungen gebracht hat, ist das sogenannte Philadelphia-Experiment. Obwohl es während der vergangenen zwanzig Jahre in Büchern und Artikeln von mindestens einem Dutzend namhafter Autoren und Forscher erwähnt wurde, konnte der ursprünglichen Geschichte relativ wenig neues Material hinzugefügt werden, und so verblieb sie in einer Art Dornröschenschlaf, bis jemand kommen und endlich gründliche Nachforschungen anstellen würde. Und hier ist also einer der gewagtesten Berichte, die jemals in einem Sachbuch erschienen – belegt durch die Ergebnisse intensivster Ermittlungen, die ironischerweise als ernsthafter Versuch seitens der Autoren begonnen hatten, den Mythos zu zerstören.

Das Rätsel beginnt mit einem Wissenschaftler, der auf den ersten Blick selbst den Eindruck einer rätselhaften Figur macht. Über den ersten Lebensabschnitt von Morris Ketchum Jessup ist außer wenigen Fakten nicht viel bekannt. Daß er ein Mann mit verschiedenen Interessen war – Astrophysiker, Mathematiker, Forscher, Dozent, Schriftsteller –, aber nicht der Typ, öffentliche Anerkennung zu suchen oder in ihr zu schwelgen, wenn er sie bekam. Er wurde am 20. März 1900 in Rockville im Staat Indiana geboren. Seinen Namen hatte man ihm nach dem „Erbonkel" der Familie gegeben, einem bekannten Eisenbahnbaron, Bankier und Philantropen, nach dem übrigens auch das Kap Morris K. Jesup (sic) am nördlichsten Zipfel von Grönland benannt ist. Er hatte gerade das magische Alter von siebzehn Jahren erreicht, als sein Land in den Ersten Weltkrieg eintrat; und wie so viele seines Alters wurde auch Jessup vom Fieber des Patriotismus erfaßt, und so ließ er sich buchstäblich am Tag seiner Schulabschlußprüfung von der US-Army rekrutieren. Er brachte es bis zum Feldwebel.

Nach dem Krieg begann Jessup zu studieren und übernahm nach Abschluß seines Studiums eine Dozentur für Astronomie und Mathematik an der Drake-Universität in Des Moines/Iowa und an der Universität von Michigan in Ann Arbor. Während seiner Doktorarbeit in Michigan Ende der Zwanziger Jahre hatte er Gelegenheit, mit einer Gruppe von Forschern nach Südafrika zu reisen, wo sie dem der Michigan-Universität unterstellten Lamon-Hussey-Observatorium in Bloemfontein im Oranje-Freistaat zugeteilt waren. Während seiner Tätigkeit an diesem Observatorium arbeitete Jessup, der das damals größte Refraktionsteleskop der südlichen Hemisphäre verwenden konnte, ein Forschungsprogramm aus, das dann zur Entdeckung einer Anzahl von Doppelsternen führte, die bei der Royal Astronomical Society in London katalogisiert sind.

Seine Erfahrungen benutzte er später in den Staaten für seine Dissertation auf dem Gebiet der Astrophysik. Jessup beendete und veröffentlichte diese Arbeit 1933, doch anscheinend wurde ihm der Doktorgrad nie verliehen. Trotzdem pflegten die meisten seiner Bekannten von ihm als Dr. Jessup zu sprechen, und es ist wohl angemessen, wenn auch wir das tun.

Während der Depressionsjahre, als so viele Akademiker gezwungen waren, in anderen Berufen zu arbeiten, wurde Jessup dem Amerikanischen Landwirtschaftsministerium zugeteilt und mit einer Gruppe anderer Wissenschaftler nach Brasilien geschickt, um dort „die Rohgummivorkommen im Quellgebiet des Amazonas zu studieren". Eine etwas ausgefallene Beschäftigung für einen Astronomen, aber zumindest hatte er etwas zu tun, und interessant war es auch.

Nach seiner Rückkehr aus dem Urwald verdingte er sich beim Carnegie-Institut in Washington D.C. als Fotograf bei einer archäologischen Expedition, die den Auftrag hatte, die Tempelruinen der Mayas in Zentralamerika zu studieren. Also hatte Jessup anscheinend Geschmack am Urwaldleben gefunden.

Von Mexiko aus zog er weiter, zur Erforschung der Ruinen aus der Inka- und Vorinkazeit in Peru. Während seines dortigen Aufenthalts machte er eine verblüffende Entdeckung. Die massive Größe einiger dieser Steinruinen und die Kompliziertheit, Genauigkeit und Kunst der Bautechnik überzeugten ihn von der Unmöglichkeit, daß eine solche Arbeit nur mit den Händen und mit Hilfe von Lasttieren der Größenordnung von Lamas vollbracht worden sein konnte. Wie in späteren Jahren Erich von Däniken (allerdings mit erheblich weniger Echo) suchte Jessup nach einer möglichen Erklärung für das Zustandekommen dieser ungeheuren Steinbauten: Statt von den Inkas könnten sie vielleicht in grauer Vorzeit mit Hebewerkzeugen von Luftschiffen aus gebaut worden sein. Eine eher ungewöhnliche Feststellung für einen Wissenschaftler – und selbstverständlich nicht dazu angetan, ihn bei seinen Kollegen beliebt zu machen. Aber Jessup wurde durch sie zu einem der ersten Befürworter der heute, nach drei Jahrzehnten, recht populären Theorie der „Astronauten der Vorzeit".

Die rätselhafte Herkunft jener uralten mittel- und südamerikanischen Ruinen ließ Jessup keine Ruhe – er grübelte immer wieder darüber nach, und Anfang der fünfziger Jahre entschloß er sich, die orthodoxe Wissenschaft links liegen zu lassen, seine akademische Karriere und seinen guten Ruf aufs Spiel zu setzen und auf eigene Faust und Rechnung seine Erkundungen fortzusetzen. Im Verlauf dieser Studien uralter Kulturen im

Hochland von Mexiko entdeckte Jessup einige ziemlich merkwürdige geologische Formationen, die bei näherer Betrachtung wie eine Gruppe von Kratern wirkten. Es waren mindestens zehn, und sie hatten, wie er meinte, in Struktur und Größe eine auffallende Ähnlichkeit mit den mysteriösen Mondkratern Linne und Hyginus N. Wieder wählte Jessup einen für einen Wissenschaftler ziemlich unorthodoxen Weg, verfaßte eine Vorstudie und präsentierte seine Schlußfolgerung, daß diese Krater „von Objekten aus dem Weltraum herrühren". In einem späteren Kommentar behauptete er dann, die US-Luftwaffe sei im Besitz von Luftaufnahmen dieser Krater, die mit Genehmigung der mexikanischen Regierung von einem Aufklärungsflugzeug aus gemacht wurden, daß jedoch diese Fotos und die daraus resultierenden Erkenntnisse höchster Geheimhaltung unterlägen. Jessup war inzwischen das für die Fortsetzung seiner eigenen unabhängigen Untersuchungen dieser Formationen nötige Geld ausgegangen, und so war er gezwungen, 1954 zunächst in die USA zurückzukehren und zu versuchen, Kapital aufzutreiben.

Inzwischen interessierte sich Jessup auch für das Phänomen der „Fliegenden Untertassen", das Ende der vierziger, Anfang der fünfziger Jahre in Amerika immer aktueller wurde – zuerst nur aus persönlicher Neugier, dann aber auch vom beruflichen Standpunkt. Er vermutete Zusammenhänge zwischen diesen möglichen „Raumschiffen" und seinen geheimnisvollen Ruinen und Kratern. Da er einerseits fest davon überzeugt war, daß es eine solide wissenschaftliche Erklärung für das Phänomen geben müsse und er anderseits dringend Geld brauchte, beschloß er, ein Buch darüber zu schreiben. Er wollte daraus den ersten wirklich „wissenschaftlichen" Versuch machen, die UFO-Frage auf der Basis der vorhandenen historischen Belege zu beantworten. Wie er glaubte, besuchten uns die UFOs (*unidentified flying objects* – unidentifizierte fliegende Objekte) nicht nur schon seit langer Zeit, sondern sie könnten uns auch die Antwort auf so manche bisher unerklärten Erscheinungen und Ereignisse der Geschichte liefern – einschließlich der mysteriösen Vorfälle, bei denen Eisbrocken, Felsen und sogar Tiere „vom Himmel fielen". Die Antriebskraft der UFOs beruhte seiner Meinung nach auf einem uns noch unbekannten Prinzip der Anti-Schwerkraft.

Nachdem er sich in der Nähe von Washington D.C. niedergelassen hatte, begann Jessup mit der Arbeit an seinem Buch, das er gedanklich schon konzipiert hatte. Diese Arbeit erforderte die systematische Untersuchung eines Phänomens, das seines Erachtens ernsthafte wissenschaftliche Beachtung verdiente. Er stellte sich selbst eine gewaltige Forschungsaufgabe und arbeitete ununterbrochen und angestrengt den ganzen Sommer, Herbst und Winter des Jahres 1954. Allmählich nahm sein Werk Gestalt an. Am 13. Januar 1955 war es schließlich zur Drucklegung bereit. Er nannte es *The Case for the UFO* und charakterisierte es in einem Vorwort als einen „ernsthaften Versuch, Ordnung in das Chaos zu bringen, für alle Facetten dieser Kontroverse eine gemeinsame Grundlage zu finden, um auf dieser eine intelligente Auswertung des Problems vorzunehmen". Jessup konnte nicht ahnen, daß die Veröffentlichung seines Buches Anfang 1955 durch den Citadel Press Verlag den Beginn einer Kette noch geheimnisvollerer Ereignisse bilden sollte.

Eines von Jessups Hauptinteressensgebieten war die Antriebskraft der UFOs. In seinem Buch und auch in seiner Korrespondenz mit Freunden kam er immer wieder auf dieses Thema und auf seine Überzeugung, daß die Erde schon vor sehr langer oder sogar *prähistorischer* Zeit Schauplatz der praktischen Anwendung einer derartigen Kraft gewesen sei. Ein Beispiel für seine Gedankengänge zu diesem Thema ist das folgende Zitat aus einem Brief, den er am 20. Dezember 1954, also kurz vor Fertigstellung des Manuskripts zu seinem Buch, schrieb: „Es ist ziemlich naheliegend, das Thema der (UFO-)Antriebskraft auszudehnen und an den Grundfesten der Religion zu rütteln", heißt es darin. „Diese Rasse aus dem Weltraum *könnte* unser *Gott* sein. Vielleicht hat sie vor Jahrtausenden unsere Erde verlassen."

Eine zuverlässige Antriebskraft zu finden wäre seiner Meinung nach der allmächtige Schlüssel zum Fortschritt der Menschheit. Und bevor der Mensch nicht etwas erheblich besseres als die „primitive" Raketenschubkraft entdeckte – oder *wieder*entdeckte – müsse er eben an seiner Erde hängenbleiben wie das Kind an Mutters Schürzenzipfel. Dieses „Etwas" wäre in Jessups Vorstellung die Nutzung des universellen Gravitationsfeldes als Energiequelle.

In seinem Buch und in seinen Vorträgen appellierte Jessup immer wieder an die Öffentlichkeit, von der Regierung – oder auch von Einzelpersonen oder Firmen – unbedingt ernsthafte Forschungen in dieser Richtung zu fordern. Zumindest einer seiner Leser war davon so beeindruckt, daß er einen Briefwechsel darüber einleitete, in dem von angeblichem Geheimmaterial der US-Kriegsmarine und recht bizarren Erscheinungen die Rede war.

Obwohl *The Case for the UFO* kein Bestseller wurde, verkaufte es sich doch so gut, daß sich eine Bantam-Paperbackausgabe lohnte, die im Frühherbst 1955 erschien. Kurz darauf (wahrscheinlich Mitte Oktober) erhielt Dr. Jessup einen höchst seltsamen Brief. Er kam zusammen mit einem Packen der üblichen Leserzuschriften, die durch das Erscheinen praktisch jeden Buches ausgelöst und vom Verlag an den Autor weitergeleitet werden.

Dieser spezielle Brief trug den Poststempel von Pennsylvania und war in einer fahrigen, kritzeligen Handschrift, mit verschiedenartigen und -farbigen Stiften und Federn und in einem äußerst sonderbaren Stil geschrieben. Mitten im Satz waren plötzlich alle Buchstaben großgeschrieben, viele Ausdrücke waren in Orthographie oder Anwendung falsch, und Satzzeichen waren – wenn überhaupt vorhanden – wie zufällig verstreut. Oft waren ganze Sätze verschiedenfarbig unterstrichen.

Noch seltsamer als das Aussehen war aber der Inhalt des Briefes. Der Schreiber setzte sich besonders mit jenen Abschnitten von Jessups Buch auseinander, die von der „Levitation" handelten (die Überwindung der Schwerkraft zur Hebung schwerer Objekte), die unseren Vorfahren anscheinend bekannt gewesen sein dürfte. Er kommentierte in aller Ausführlichkeit Jessups Vermutung, wonach bei vielen der urzeitlichen Bauwerke die Levitation angewendet wurde, und bestätigte ihre prinzipielle Richtigkeit. Dem Briefschreiber zufolge wäre die Levitationskraft nicht nur wissenschaftlich möglich, sondern sei hier auf der Erde einst ein „allgemein bekannter Vorgang" gewesen.

Leider scheint es von diesem ursprünglichen Brief keine Kopie zu geben, doch er klang so überzeugend, daß Jessup sich fragte, ob der Autor ihm vielleicht in seinem seltsamen Stil zu verstehen geben wollte, er selbst besäße über diesen Vorgang Kenntnis aus erster Hand. Der Brief trug die Unterschrift „Carlos Miguel Allende".

Jessup wußte nicht so recht, was er von der ganzen Sache halten sollte, doch seine Neugier war offenbar geweckt. Er schrieb eine kurze Antwort an diesen rätselhaften Señor Allende und bat um nähere Einzelheiten.

Jessup war zu jener Zeit sehr beschäftigt, und als nach einigen Monaten keine Antwort von seinem seltsamen Briefpartner gekommen war, vergaß er die Angelegenheit allmählich. Er hatte eine Reihe von Vorträgen zu halten und arbeitete gleichzeitig fieberhaft an der Fertigstellung seines zweiten Buches, *UFO and the Bible* (zur Eile angetrieben von seinem New Yorker Agenten, der sich nach dem bescheidenen Erfolg des ersten Buches einen guten Profit erhoffte); er hatte also kaum Zeit, über Leserzuschriften nachzudenken.

Während seiner Vortragsreisen beeindruckte er weiterhin sein Publikum mit der dringenden Forderung nach einem von der Regierung zu unterstützenden Forschungsprogramm auf dem Gebiet der Anti-Schwerkraft. Gelegentlich ging er sogar so weit, seine Zuhörer aufzufordern, sich „en masse" an ihren Gesetzgeber zu wenden, wenn sie wirklich den Stein ins Rollen bringen wollten. „Wenn all das Geld, der Verstand, die Zeit und die Energie, die jetzt nutzlos in die Entwicklung von

Raketenantrieben gesteckt werden, statt dessen in ein Studium der Schwerkraft investiert würden, wobei man vielleicht mit der Weiterführung der Erforschung von Einsteins Einheitlicher Feldtheorie beginnen könnte", sagte er, „werden wir höchstwahrscheinlich noch in diesem Jahrzehnt erfolgreich und wirtschaftlich die Raumfahrt beherrschen, und zwar mit einem Bruchteil des jetzigen Kostenaufwandes."

Ohne Dr. Jessups Wissen muß Allende wohl zumindest einen der Vorträge besucht haben, denn was er dort hörte, veranlaßte ihn zu einem weiteren äußerst ungewöhnlichen Brief.

Am 13. Januar 1956, auf den Tag genau ein Jahr nach Vollendung seines Manuskripts für *The Case for the UFO,* erhielt Jessup, nunmehr in Miami, folgenden Brief von jenem Carlos Miguel Allende, der allerdings diesmal mit „Carl M. Allen" unterzeichnet hatte. Obwohl der Brief in der gleichen ausgefallenen Art wie der erste geschrieben war und auch denselben Absender in Pennsylvania angab, trug das Papier den Briefkopf des Turner-Hotels in Gainesville/Texas und auch den Poststempel von Gainesville. (Für den Fall, daß ein Leser in Versuchung kommt, um nähere Auskunft an die Adresse in Pennsylvania zu schreiben, sei darauf hingewiesen, daß eine Anfrage beim Postamt von New Kensington in Pennsylvania im Dezember 1975 ergab, daß keine solche Adresse mehr in New Kensington selbst oder in der diesem Postamt unterstehenden Umgebung existierte. Briefe an diese Anschrift werden routinemäßig an den Absender zurückgeschickt.)

Dieser Brief wird manchmal als der erste Allende-Brief an Dr. Jessup bezeichnet. Wie wir gesehen haben, ist es aber tatsächlich der zweite. Er ist hier zusammen mit einem dritten abgedruckt, mit freundlicher Genehmigung von Dr. Reilly H. Crabb, Direktor der Borderland Sciences Research Foundation, Inc., Vista, California, der sie 1962 zuerst als Teil einer in beschränkter Auflage erschienenen Broschüre veröffentlichte.

Carlos Miguel Allende
R.D. No. 1 Box 223
New Kensington, Penn.

Mein lieber Dr. Jessup,

Ihre Anrufung der Öffentlichkeit, ihre Repräsentanten en masse in Bewegung zu setzen und derart genug Druck auf die rechten & ausreichenden Stellen auszuüben, damit sie ein Gesetz zur Untersuchung von Dr. Albert Einsteins Einheitlicher Feldtheorie (1925–27) erlassen, *ist* überhaupt *nicht* notwendig. Es möge Sie interessieren zu erfahren, daß der gute Doktor bei der Zurückziehung dieses Werkes nicht so sehr von der Mathematik beeinflußt war als sehr viel mehr von Humantik.

Das Ergebnis seiner späteren Berechnungen, die er striktest zu seiner eigenen Erbauung & Unterhaltung über Zyklen von Zivilisation & Fortschritt des Menschen im Vergleich zum Wachstum des allgemeinen Gesamtcharakters durchführte, empörte ihn. Darum wird uns heute *„erzählt"*, daß diese Theorie „unvollendet" war.

Dr. B. Russell behauptet privat, daß sie vollendet ist. Er sagt auch, daß der Mensch nicht reif dafür ist & nicht bis nach dem III. WK sein wird. Nichtsdestoweniger, die „Resultate" eines Freundes Dr. Franklin Reno *wurden benutzt.* Diese waren eine vollständige Wiederdurchrechnung jener Theorie, mit Hinblick auf alle & jegliche schnellen Verwendungsmöglichkeiten, falls in sehr kurzer Zeit durchführbar. Es waren überdies gute Resultate, soweit es eine gruppentheor. Wiederdurchrechnung *und* soweit es ein gutes physikalisches „Resultat" betrifft. *Jedoch fürchtet sich die Marine, dieses Resultat zu benutzen!* Das Resultat war und ist heute der Beweis, daß die Einheitliche Feldtheorie bis zu einem gewissen Grad richtig ist. Jenseits dieses gewissen Grades wird keine Person, die bei rechten Sinnen ist oder überhaupt irgendeinen Sinn hat, jemals mehr zu gehen *wagen.* Es tut mir leid, daß ich Sie mit meinem vorigen Sendschreiben irreführte. Es stimmt, daß solch eine

Form von Levitation wie beschrieben vollbracht wurde. Es ist ebenso eine sehr häufig beobachtete Reaktion gewisser Metalle auf gewisse einen Strom umgebende Felder, und dieses Feld wird daher zu dem Zweck benutzt. Hätte sich Farraday mit dem einen elektrischen Strom umgebenden mag. Feld befaßt, würden wir heute *nicht* existieren, *oder falls* wir existierten, hätte unsere gegenwärtige geopolitische Situation nicht diese zeitbombische, der Zerstörung entgegentickende Atmosphäre, die jetzt existiert. Schon gut, schon gut!

Das „Resultat" war völlige Unsichtbarkeit eines Schiffes, vom Typ eines Zerstörers, auf See *und* seiner *gesamten* Besatzung (Oktober 1943). Das Magnetfeld wies die Form eines Rotationsellipsoids auf und erstreckte sich 100 Meter (mehr oder weniger, je nach der jeweiligen Position des Mondes und Längengrades) weit nach beiden Seiten des Schiffes. Alle Personen, die sich in diesem Feld befanden, wiesen nur noch verschwommen erkennbare Umrisse auf, nahmen aber all jene wahr, die sich an Bord dieses Schiffes befanden, im offensichtlich selben Zustand und außerdem so, als gingen oder ständen sie in der Luft. Jede Person außerhalb des Magnetfeldes konnte überhaupt nichts sehen, nur den *scharf abgegrenzten Abdruck des Schiffsrumpfes im Wasser,* vorausgesetzt natürlich, daß die betreffende Person sich nahe genug, aber doch knapp außerhalb des Magnetfeldes befand. Warum ich Ihnen das heute erzähle? Ganz einfach: Falls Sie den Verstand verlieren wollen, enthüllen Sie diese Information. Die Hälfte der Offiziere und Besatzungsmitglieder jenes Schiffes ist momentan total verrückt. Einige werden sogar heute noch in gewissen Anstalten festgehalten, wo sie geschulte wissenschaftliche Hilfe erhalten, wenn sie entweder „abschweben", wie sie es nennen, oder „abschweben und steckenbleiben". Das „Abschweben", das eine Nachwirkung bei den Besatzungsmitgliedern ist, die sich zu lange in dem Magnetfeld aufhielten, ist keineswegs ein unangenehmes Erlebnis für Seeleute mit einer gesunden Neugier. Das wird es jedoch, wenn sie dabei „steckenbleiben"; sie bezeichnen es dann als „Hölle KG". In diesem Zustand kann der davon betroffene Mann sich nicht mehr aus eigener Willenskraft bewegen, wenn ein oder zwei seiner Kameraden, die sich mit ihm in dem Magnetfeld befinden, nicht schnell zu ihm gehen und ihn berühren, da er sonst „einfriert".

Wenn ein Mann „einfriert", wird seine Position sorgfältig markiert und dann das Magnetfeld abgeschaltet. Alle außer dem „Eingefrorenen" können sich nun bewegen, sich wieder über ihren *scheinbar* feststofflichen Körper freuen. Dann muß das Besatzungsmitglied mit der kürzesten Zugehörigkeitszeit zu der Stelle gehen, an der er das Gesicht oder eine nackte, nicht vom Uniformstoff bedeckte Hautstelle des „Eingefrorenen" findet. Manchmal dauert es nur eine Stunde oder etwas länger, manchmal eine ganze Nacht und einen ganzen Tag lang, und einmal dauerte es sogar sechs Monate, um einen Mann „aufzutauen".

*Dieses „Einfrieren" war nicht psychologisch.* Es ist das Resultat eines Hyperfeldes, das *im* Feld des Körpers gebildet wird, während das „Schmor-"Feld eingeschaltet ist & zwar gründlich *oder* bei einem alten Praktikus.

Ein höchst kompliziertes Gerät mußte konstruiert werden, um die „Echt Eingefrorenen" und die „Tief Eingefrorenen" zurückzuholen. *Gewöhnlich wird ein „tief Eingefrorener" Mann toll, redet wirr, tobt, wird verrückt,* wenn sein „Einfrieren" mehr als einen Tag nach unserer Zeit dauert.

Ich spreche von *Zeit,* aber . . . „Eingefrorene" empfinden den Zeitablauf nicht wie wir. Sie gleichen Menschen im Dämmerzustand, die zwar leben, atmen, hören, sehen und fühlen, aber doch so vieles nicht wahrnehmen, daß sie wie in einer Art Unterwelt dahinvegetieren. Ein Mensch, der auf „normale" Weise erfriert, ist sich der Zeit bewußt, manchmal sogar qualvoll genau. Diese Männer empfinden die Zeit jedoch nie so wie Sie oder ich. Für die Wiederherstellung des ersten „Tiefgefrorenen" brauchte man, wie gesagt, sechs

Monate lang. Die dafür benötigten elektronischen Geräte und ein besonderer Liegeplatz für das Schiff kosteten außerdem über 5 Millionen Dollar. Wenn Sie in der Nähe oder am Philadelphia Marinehafen eine Gruppe von Seeleuten sehen, die ihre Hände auf einen Kameraden *oder* auf „Luft“ legen, schauen Sie sich die Finger des armen Mannes an. Falls sie wie in einer Hitze-Luftspiegelung zu beben scheinen, *gehen Sie schnell hin,* legen Sie ihm Ihre Hände auf, *denn dieser Mann ist der verzweifeltste Mensch der Welt. Keiner dieser Männer möchte jemals wieder unsichtbar werden.* Ich glaube, es muß nicht weiter ausgeführt werden, weshalb der Mensch noch nicht für die Arbeit mit Kraftfeldern reif ist.

Diese Männer benutzen Ausdrücke wie „im Fluß hängenbleiben“ (oder im „Schub“) oder „im Gemüse“ oder „im Sirup stecken“ oder „ich schwirrte los“, um einige der noch Jahrzehnte später auftretenden Nachwirkungen des Kraftfeldexperimentes zu beschreiben. „Im Fluß hängenbleiben“ schildert genau das „Im-Sirup-stecken“-Gefühl eines Mannes, der entweder „tieffriert“ oder nur „einfriert“. „Im Schub hängenbleiben“ beschreibt, was ein Mann flüchtig empfindet, wenn er im Begriff ist, entweder ungewollt „abzuschweben“ – d. h. unsichtbar zu werden – *oder* im Zustand des „Tieffrierens“ oder „Einfrierens“ „steckenzubleiben“.

Es sind nur noch sehr wenige von der Besatzung übrig, die dieses Experiment mitmachten . . . Die meisten wurden wahnsinnig, einer verschwand einfach „durch“ die Wand seines Quartiers vor den Augen seiner Frau und seines Kindes, und zwei andere Besatzungsmitglieder (wurden nie wieder gesehen), zwei „gingen in die Flamme“, d. h. sie „froren ein“ und fingen Feuer, als sie kleine Bootskompasse trugen; ein Mann trug den Kompaß und fing Feuer, und der andere eilte zu ihm, da er ihm am nächsten war, um ihm „die Hände aufzulegen“, aber er fing ebenfalls Feuer. Sie brannten 18 Tage lang. Der Glaube an die Wirksamkeit der Handauflegetechnik wurde durch diesen Unfall zerstört, und die Männer wurden scharenweise wahnsinnig. Das Experiment als solches war ein voller Erfolg. Auf die Besatzung wirkte es sich verhängnisvoll aus.

Suchen Sie in den Zeitungen von Philadelphia nach einem winzigen Absatz (obere Blatthälfte, Nahe dem hinteren Drittel der Zeitung, 1944/46 im Frühjahr, Herbst oder Winter, *nicht* im Sommer) in einer Notiz über die Taten der Seeleute nach ihrer ersten Reise. Sie überfielen ein Lokal bei der Marinewerft, die „Seamen's Lounge" & verursachten bei den Kellnerinnen Schocks & Ohnmacht, so daß aus ihnen wenig Verständliches herauszubringen war, außer jenem Absatz & der Schreiber davon glaubt es nicht, & sagt „Ich habe nur geschrieben, was ich aufgeschnappt habe & diese Damen sind bescheuert. Also habe ich nur eine Gute-Nacht-Story zusammengebracht."

Überprüfen Sie die Besatzung des Beobachterschiffes, Matson-Linie, Liberty-Schiff, Heimathafen Norfolk (die Gesellschaft *könnte* das Logbuch für jene Reise haben oder die Küstenwache hat es), die S. S. Andrew Furuseth, Erster Offizier Mowsely (werde den Namen des Kapitäns später sicherstellen) (Mannschaftsliste ist im Logbuch). Ein Besatzungsmitglied Richard Price oder „Splicey" Price könnte sich an andere Namen der Decksmannschaft erinnern (Küstenwache hat Aufzeichnungen über Seeleute, denen „Papiere" ausgestellt wurden). Mr. Price war im Oktober 1943 achtzehn oder neunzehn & lebt oder lebte damals in seinem alten Familienhaus in Roanoke, VA., einer kleinen Stadt mit einem kleinen Telefonbuch. Diese Männer waren Augenzeugen, die Männer dieser Mannschaft. Connally aus New England (Boston?) könnte Zeuge gewesen sein, aber ich bezweifle es (Schreibweise könnte falsch sein). Er *war* Zeuge. Ich bitte Sie, dieses bißchen Nachforschungen anzustellen, damit Sie an Ihrer eigenen Zunge ersticken, wenn Sie daran denken, was Sie „zum Gesetz Machen" gedrängt haben.

Mißachtungsvoll Ihr
Carl M. Allen

P.S. Würde gerne mehr helfen, wenn Sie mir sagen können, womit. (Z416175)

Einige Tage später

Notizen das Sendschreiben ergänzend und betreffend. (Nehmen Sie zwecks Bestätigung der hierin gegebenen Information mit Konteradmiral Rawson Bennett Verbindung auf. Marine-Forschungs-Chef. Vielleicht bietet er Ihnen letztlich einen Job an.)

Ganz kühl und analytisch betrachtet und ohne das Wehklagen des hier beiliegenden Briefes an Sie möchte ich in aller Fairneß Ihnen & der Wissenschaft gegenüber das Folgende sagen. 1. Die Marine wußte nicht, daß die Männer auch unsichtbar werden können, *wenn sie nicht auf dem Schiff & unter dem Feldeinfluß sind.* 2. Die Marine wußte nicht, daß Menschen durch Nebenwirkungen des Hyper-„Felds" innerhalb *oder* oberhalb des „Felds" *sterben würden.* 3. Außerdem wissen sie sogar jetzt noch nicht, warum das passiert ist & sind noch nicht einmal sicher, daß das „F" im „F" überhaupt der Grund ist. *Kurz gesagt,* die Atombombe hat die Experimentatoren nicht getötet, also gingen die Experimente weiter – doch schließlich kamen ein oder zwei durch Unfälle ums Leben. Aber *der Grund,* warum sie starben, war bekannt. Ich selbst „fühle", daß irgend etwas im Zusammenhang mit jenem Kleinbootskompaß „die Flammen auslöste". Ich habe keinen Beweis, aber die Marine hat auch keinen. 4. *Was schlimmer ist* und nie erwähnt wurde: Als einer oder zwei ihrer Männer, Sichtbar-innerhalb-des-Feldes-für-alle-anderen, einfach *in das Nichts hineingingen, und* man von ihnen nichts fühlen konnte, weder wenn das „Feld" eingeschaltet *noch* wenn es ausgeschaltet war, *sie einfach verschwunden waren,* wurden die Ängste größer. 5. Noch schlimmer war es, als ein anscheinend sichtbarer & neuer Mann scheinbar „durch" die Wand seines Hauses ging, die Umgebung gründlich abgesucht & von & mit & unter einem tragbaren Feldentwickler gründlich geprüft *und nichts* von ihm gefunden wurde. *Dann herrschten so viele viele Ängste, daß keiner von jenen Männern oder von den Männern, die bei & mit den Experimenten arbeiteten, es jemals wieder mit ihnen aufnehmen konnte.*

Ich möchte auch erwähnen, daß das Versuchsschiff von seinem Dock in Philadelphia verschwand und nur wenige Minuten später an seinem anderen Dock bei Norfolk, Newport News, Portsmouth wieder auftauchte. Es wurde an diesem Platz klar *und* deutlich identifiziert, verschwand aber dann *wieder* und kehrte in wenigen Minuten oder kürzer an sein Dock in Philadelphia zurück. Das stand auch in den Zeitungen, aber ich vergesse, wo ich es gelesen habe *oder* wann es passiert ist. Wahrscheinlich bei den späteren Experimenten. Könnte auch 1946 gewesen sein, *nachdem* die Experimente abgebrochen wurden. Ich kann es nicht sicher sagen.

Für die Marine war die ganze Sache sehr unpraktisch, wegen ihrer moralzerstörerischen Wirkungen, die so stark waren, daß ein ordentlicher Betrieb des Schiffes drastisch behindert wurde. Außerdem zeigte sich nach diesem Vorkommnis, daß man sich auch auf den bloßen Betrieb eines Schiffes nicht mehr verlassen konnte. Kurz gesagt, die Ignoranz bei dieser Sache zeitigte solche Angst, daß man sie im Stadium des Versuchsbetriebes bei dem damaligen Wissensstand für unmöglich, unpraktisch und zu entsetzlich hielt.

*Ich glaube,* wenn Sie *damals* an & mit dem Team gearbeitet hätten, welches an dem Projekt beteiligt war, und wenn Sie gewußt hätten, was Sie *jetzt* wissen, *daß* dann „die Flammen" nicht *so unerwartet* gewesen wären, oder ein so entsetzliches Rätsel. Ich muß auch in aller Fairneß sagen, es ist mehr als wahrscheinlich, daß keines dieser anderen Vorkommnisse hätte auftreten können, ohne daß die Möglichkeit ihres Geschehens bekannt war. Sie hätten in Wirklichkeit verhindert werden können, und zwar durch ein viel vorsichtigeres Programm *und* durch eine viel vorsichtigere, sorgfältige Auswahl des Personals für Offiziere & Mannschaft. Das war nicht der Fall. Die Marine benutzte einfach, was an *Menschenmaterial* gerade greifbar war, mit wenig, *wenn überhaupt,* Rücksicht auf Charakter & Persönlichkeit jenes Materials. Wenn Vorsicht, große Vorsicht, bei der Auswahl von Schiff, Offizieren & Mannschaft waltet, *und* wenn sorgfältige Schulung durchgeführt wird und auf Schmuckgegenstände wie Ringe & Uhren & Erkennungsreifen & Gürtelschnallen *plus und besonders* auf die Wirkung der genagelten Schuhe oder der bei der US-Marine verwendeten Klampenschuhe sorgfältig geachtet wird, dann glaube ich, daß man die furchterfüllte Ignoranz, die dieses Projekt umgibt, sicherlich & bestimmt einigermaßen erfolgreich zerstreuen könnte. Die Unterlagen des Marine-*Diensthauses* Norfolk, Va (für Absolventen ihrer Seemannsschulen) werden zeigen, wer der S. S. Andrew Furuseth für entweder Ende September, oder Oktober 1943 zugeteilt war. Ich kann mich genau an einen anderen Beobachter erinnern, der während der Durchführung der Tests neben mir stand. Er war aus New England, hatte dunkelblondes, lockiges Haar, blaue Augen, den Namen habe ich vergessen. Ich überlasse *Ihnen* die Entscheidung, ob mehr Arbeit da hineingesteckt werden soll oder nicht, und ich schreibe dieses in der Hoffnung, daß es getan werden wird.

Hochachtungsvoll
Carl M. Allen

Unsichtbare Schiffe? Verschwindende Mannschaften? Wirklich, eine wilde und phantastische Geschichte – doch für einen Mann mit Jessups Interessen sicherlich faszinierend. In seinem 1964 erschienenen Buch *Invisible Horizons* erwähnt Vincent Gaddis in einem kurzen Bericht über diese Affäre, daß „Jessups erste Reaktion war, diesen Brief als Ulk oder Machwerk eines Sonderlings abzutun. Es liegt in der Natur der UFO-Forschung, verdrehte und unausgeglichene Charaktere besonders anzuziehen“.

Doch laut Gaddis hielt Jessup es trotzdem für möglich, „daß der Schreiber einen übertriebenen Bericht über ein tatsächliches Ereignis abgegeben habe. Schließlich wurden im Zweiten Weltkrieg viele Geheimexperimente durchgeführt. Und im Jahr 1943 waren auch die Forschungsarbeiten im Gang, die dann zur Entwicklung der Atombombe führten. Angeregt wurden sie durch Einsteins Brief an Präsident Roosevelt, und die Einheitliche Feldtheorie des berühmten Wissenschaftlers könnte durchaus auch als Basis für andere, weniger erfolgreiche Experimente gedient haben".

Wenn der Brief allerdings wirklich nichts als ein Lügenmärchen war, warum enthielt er dann so viele Einzelheiten über Namen, Orte und Ereignisse? Es ist kaum üblich, daß sich ein Witzbold so große Mühe macht, seinem Opfer derartige Details zu liefern – die sogar zur Aufdeckung seines Streiches führen können. Dr. Jessup war verwirrt.

Ein unbestimmtes Gefühl der Dringlichkeit und die gleiche Neugier wie beim ersten Brief veranlaßten Jessup schließlich zu einer Antwort. Per Postkarte teilte er Allende mit, es sei „von größter Wichtigkeit", daß er ihm „sofort" Beweismaterial jeder verfügbaren Art zur Untermauerung seiner seltsamen Behauptungen schicke.

Auch diesmal vergingen wieder Monate, ohne daß eine Antwort eingetroffen wäre. Jessup vermutete, daß die Angelegenheit nun schließlich im Sande verlaufen war. Er war anderweitig sehr beschäftigt und dachte nach den ersten Wochen kaum noch daran.

Fünf Monate später jedoch öffnete sich Pandoras Büchse wieder und bescherte ein weiteres Allende-Sendschreiben – das genauso rätselhaft war wie die anderen zwei. Es war am 25. Mai 1956 in DuBois, Pennsylvania, abgestempelt, und der Text (hier wieder mit freundlicher Genehmigung von Dr. Crabb wiedergegeben) lautete folgendermaßen:

Carlos M. Allende
RFD 1 Box 223
New Kensington, Pa.

Lieber Mr. Jessup,

Soeben erst von meinen ausgedehnten Reisen heimgekehrt, finde ich Ihre Karte vor. Da Sie wünschen, daß ich Ihnen „sofort" antworte, habe ich mich nach reiflichen Überlegungen entschlossen, das zu tun. Was Sie von mir wollen, ist soviel wie ein positiver Beweis, den Ihnen aber nur ein Duplikat jener Vorrichtungen bieten könnte, die „dieses Phänomen" hervorgerufen haben. Wenn ich wissenschaftliche Neigungen hätte und mich für etwas interessieren würde, das nach einer Theorie produziert wurde, die man als unvollständig ausrangiert hat (1927), wäre ich sicher so voller Zweifel, daß man mir solche Vorrichtungen, die so wunderliche Wechselwirkungen von Kraft & Feldern produzieren, in Betrieb *zeigen* müßte, und ebenso ihre Produkte. Mr. Jessup, ich könnte Sie bei einer solchen Einstellung *niemals* auch nur im entferntesten zufriedenstellen. Aus dem Grund, weil ich es nicht könnte. Noch würde die Marineforschungs-Abteilung (damals unter dem jetzigen Marinechef, Burke) jemals bekanntwerden lassen, daß derartige Dinge jemals haben geschehen dürfen. Denn sehen Sie, dieses Experiment konnte nur aufgrund von Burkes Neugier & Bereitschaft & Drängen durchgeführt werden. Es stellte sich als Reinfall heraus, *aber* seine Einstellung gegenüber fortschrittlicher & ultrafortschrittlicher Forschung ist genau *„die" Sache,* die ihn dahin brachte, wo er heute ist. (Oder zumindest, um sicherzugehen, war sie dabei von großem Einfluß). Wenn der Gestank der Resultate jener Experimente *jemals* herauskommen sollte, würde man ihn kreuzigen. Wie dem auch sei, ich habe bemerkt, nachdem die von der Reaktion verursachten vulgären Ausbrüche über die Jahre abgekühlt sind *und weitere* Forschung *offen* durchgeführt wird, *daß* die Gekreuzigten so etwas Ähnliches wie

Heiligkeit erlangen. Sie schreiben, daß dies „von größter Wichtigkeit“ ist. Ich bin gegenteiliger Meinung, Mr. Jessup, nicht nur aus ganzem Herzen, *sondern leidenschaftlich.* Gleichzeitig jedoch sind Ihre Ideen & Ihre Art von Neugier wie die meiner eigenen Art, und außerdem basiert mein Widerspruch auf philosophischer Moral und nicht auf jener Neugier, welche die Wissenschaft so heftig antreibt. Ich könnte Ihnen durch meine eigene Person positive Hilfe leisten, *aber* um das zu tun, würden wir einen Hypnothiseur, Natriumpentothal, ein Tonbandgerät & eine ausgezeichnete Schreibkraft brauchen, damit etwas für Sie wirklich Wertvolles dabei erzielt wird.

Wie Sie wissen, kann jemand, der hypnotisiert ist, nicht lügen, *und* jemand, der hypnotisiert ist *und* „Wahrheitsserum“ bekommt, wie das umgangssprachlich genannt wird, *könnte unmöglich überhaupt lügen.* Noch dazu würde mein Gedächtnis *dadurch* in die Lage versetzt, sich in *allen Einzelheiten* an Dinge zu erinnern, an die sich mein gegenwärtiges Bewußtsein überhaupt nicht oder nur schwach und ungewiß erinnert, so daß es von viel größerem Nutzen wäre, Hypnose anzuwenden. Ich könnte dadurch in die Lage versetzt werden, mich *nicht nur* an *komplette* Namen zu erinnern, sondern auch an Adressen & Telefonnummern *und* vielleicht die *äußerst* wichtigen Z-Nummern von jenen Matrosen, mit denen ich zur See fuhr oder sogar in Kontakt kam. Da ich so etwas wie ein Dialektiker bin, könnte ich dadurch auch befähigt werden, genauso zu sprechen, wie die Zeugen gesprochen haben, und ihr Gehabe & ihre Denkweise zu imitieren oder zu *illustrieren,* dadurch kann Ihr Psychologe *im voraus* die todsicherste Methode herausfinden, um am erfolgreichsten mit diesen umzugehen. Ich könnte das *nicht* mit jemandem machen, den ich nicht lange Zeit beobachtet hätte & mit diesen Männern habe ich ungefähr sechs Monate zusammengelebt, also müssen Sie gute bis ausgezeichnete Resultate erzielen können. *Der Verstand vergißt niemals, nicht wirklich, wie Sie wissen.* Aus diesem

Grund schlage ich diesen Weg vor, mit mir zu verfahren, doch ferner schlage ich auch die spätere Verwendung meiner Person zur Illustration von Gehabe & Denkweise vor, mit dem Ziel, daß sich diese Männer *selbst zur Verfügung stellen (unter Hypnose oder Wahrheitsserum).* Selbiges könnte einen viel größeren Nachdruck haben, nämlich aufgrund von Übereinstimmungen von Erfahrungen, an die sich Männer hypnotisch erinnern, *die sich fast oder über zehn Jahre überhaupt nicht gesehen oder geschrieben haben.* Dadurch, mit solchen Männern als Zeugen, die unwiderlegbares Zeugnis ablegen, ist es meine Überzeugung, daß es nicht bei der Marine, *sondern bei der Luftwaffe* (das heißt dem Forschungsleiter), wenn sie mit solchen Beweisen konfrontiert wird, entweder einen Aufruhr oder ruhige und bestimmte Anstrengungen gäbe, *sicher* „das" zu erreichen, „was" der Marine mißlang. Es ist Ihnen hoffentlich klar, daß es ihnen *nicht* mißlungen ist, metallische & organische Unsichtbarkeit zu vollbringen, noch ist es ihnen mißlungen, unaufgefordert den Transport von Tausenden von Tonnen Metall & Menschen mit der Geschwindigkeit eines Augenzwinkerns zu vollbringen. Obwohl dieser letztere Effekt ausgedehnten Experimentierens die Sache war (für die Marine), die sie als Scheitern des Experiments auslegten, *glaube ich, daß weitere Experimente ganz natürlich zu kontrolliertem Transport großer Tonnagen mit ultraschneller Geschwindigkeit zur gewünschten Zeit und zum gewünschten Ziel geführt hätten,* und zwar durch Anwendung eines Bereiches *mit:* 1. der Fracht und 2. jenem „Feld", das jene Güter, Schiff oder Schiffsteile *(Menschen wurden ebenfalls transportiert)* an einen anderen Ort bringen könnte. Unbeabsichtigt & zur peinlichen Bestürzung der Marine *ist das schon einmal mit einem ganzen Schiff, mit Mannschaft & allem passiert. Ich habe davon gelesen und auch* von *den Taten der Seeleute, als sie sich ohne Genehmigung vom Stützpunkt entfernt hatten* und die *zu der Zeit* unsichtbar waren, *in* einer *Tageszeitung Philadelphias. Unter Narko-Hypnose könnte ich den Namen, das Datum & die Seitennummer* von *dieser* & von jener anderen Zeitung enthüllen. *Folglich* wird das Archiv dieser Zeitungen *noch mehr damals veröffentlichte positive Beweise* für dieses Experiment preisgeben. Auch der Name des *Reporters kann so gefunden werden,* der diese Vorfälle so skeptisch *untersuchte & beschrieb (von dem Überfall während der Unsichtbarkeit auf die Restaurant-Bar & von dem Schiff, das sich plötzlich ohne Genehmigung vom Stützpunkt entfernte) und der* die Kellnerinnen *interviewte,* so daß man Zeugenaussagen von *ihm* und den Kellnerinnen bekommen könnte. Ich glaube, wenn Sie erst einmal auf dieser Spur sind, daß Sie noch *erheblich mehr* Beweismaterial zur Untermauerung dieses – (wie würden Sie es nennen – *Skandal oder Entdeckung?)* auftreiben können. Sie würden einen Dale Carnegie brauchen, um diese *Leute zu bewegen,* das zu tun, was Sie von ihnen wollen. Es wäre billiger, als jeden einzelnen dieser Zeugen zu bezahlen & *Sehr viel ethischer.* Für den Laien ist die Vorstellung absolut lächerlich. Aber können Sie sich ohne weiteres an das Datum einer Zeitung erinnern, in der Sie vor mehr als fünf Jahren einen interessanten Artikel gelesen haben? Oder an Namen und Telefonnummern von Männern, die Sie 1943/44 zuletzt gesehen haben?

Ich hoffe, Sie werden diesen Plan in Erwägung ziehen. Sie werden damit Erfolg haben, was auf keine andere Weise möglich ist. Mir ist selbstverständlich klar, daß Sie dazu einen Mann brauchen, der die Leute dazu bringen kann, Spaß daran zu haben, mit Hypnotismus spielen zu wollen. Die Leute, die er braucht – die Sie brauchen – müssen: Nr. 1 zu seiner Vorstellung kommen & sich derart „geehrt" fühlen, daß sie „bei der Show mitmachen dürfen" & ihm damit einen Gefallen tun &/oder für ein winziges Honorar bei der Vorstellung mitwirken. Er *müßte* ein Mann von solch geschicktem Einfallsreichtum sein, daß er aus dem Stegreif einen *plausiblen,* auf die jeweilige Persönlichkeit abgestimmten *Vorwand* erfinden kann, sobald er die betreffende Person vor sich hat, *was viel* kostet. Die Fähigkeit, Leute davon zu überzeugen, daß eine glatte Lüge die absolute Wahrheit ist, müßte eine seiner hervorstechendsten Eigenschaften sein. (Ahem.) Ja, irgend so eine Gaunerei müßte man gut planen & ausführen. *Das Endergebnis wird eine Wahrheit sein, die zu ungeheuerlich, zu phantastisch ist, um verschwiegen zu werden. Eine wohlfundierte Wahrheit, gestützt durch ungetrübte positive Beweise. Ich würde gern herausfinden, wo diese Matrosen jetzt leben.* Es ist bekannt, daß einige wenige Leute *unter Hypnose* Namen & Adresse von einer Person nennen können, *die sie niemals kennengelernt oder auch nur gesehen haben.* Diese Leute haben einen sehr hohen oder auch nur einen hohen PSI-Faktor, der unter Druck- oder Spannungseinwirkung intensiviert werden kann *oder* der gewöhnlich bei extremer Angst intensiviert *wird.* Er kann auch durch Hypnose *re*-intensiviert werden, *folglich* ist das so einfach wie Lexikonlesen. Obwohl jener Lokal-Überfall von unsichtbaren *oder* teilweise unsichtbaren Männern durchgeführt wurde, *konnten jene Männer sich gegenseitig sehen,* also wurden in der Aufregung sicherlich Namen genannt, entweder Zunamen oder Vornamen oder Spitznamen. Eine Überprüfung der Aufzeichnungen in Apotheken bei der Marinewerft oder von Spitälern, von Erste-Hilfe-Stationen oder Gefängnissen jenes bestimmten Tages, als der Lokal-Überfall war, könnte *die genauen Namen ergeben, wer die Männer waren und ihre Dienstnummern & folglich könnte auch Auskunft darüber sichergestellt werden, woher sie waren* & durch geschicktes Manövrieren derjenigen, die noch daheim sind, *könnte man den Namen des Ortes herausfinden,* wo sie jetzt sind.

*Wie würde es Ihnen gefallen, tatsächlich mit einem Mann* (oder mit einigen der *Männer*) *zu sprechen, der einmal ein unsichtbares menschliches Wesen war? (Könnte es vor Ihren Augen wieder werden, wenn er sein Taschengerät abschaltet.)* Nun ja, all dieser absurde Blödsinn mit Hypnotiseur und Psychologe & all das *wird notwendig sein,* nur um das zu erreichen. Vielleicht ist mein Vorschlag *zu* gründlich und *zu* methodisch für Ihren Geschmack, aber anderseits liegt mir, als erstem

Objekt, *überhaupt* nichts daran, hypnotisiert zu werden, aber auch ich fühle dieses gewisse Bohren von Neugier, und ich kann dem nicht widerstehen. Ich *will* diese Sache ans Licht bringen. Meine Gründe sind einfach die, daß ich *weitere Arbeit* auf dem Gebiet dieser „Feld-Theorie" ermöglichen will.

Ich bin ein Sterngucker, Mr. Jessup. Ich mache kein Hehl daraus und ich glaube, *wenn die Sache richtig gehandhabt wird, d. h. den Menschen & der Wissenschaft in der richtigen psychologisch wirksamen Art geschildert und nahegebracht würde,* dann bin ich überzeugt, daß der Mensch an das Ziel seiner Träume gelangt . . . zu den Sternen, und zwar durch die Art des Transports, über welche die Marine zufällig stolperte (zu ihrer nicht geringen Verlegenheit), als ihr Versuchsschiff verschwand und etwa eine Minute später an einem mehrere hundert Seemeilen weit entfernten anderen Liegeplatz in der Chesapeake Bay auftauchte. *Davon* habe ich in einer anderen Zeitung gelesen & *nur* durch Hypnose könnte ein Mensch sich an *all* die Einzelheiten erinnern wie Zeitung, Erscheinungsdatum & etc., sehen Sie? Also. Vielleicht hat die Marine diesen Transportunfall schon benutzt, um Ihre UFOs zu bauen. Unter jedem Blickwinkel ist das ein logischer nächster Schritt. Was meinen *Sie*???

Hochachtungsvoll
Carl Allen

Hypnose? Wahrheitsserum? UFO-Antriebssysteme? Es ist nicht schwierig, sich die Gedanken vorzustellen, die Jessup kamen, als er das las. War ihm da nun eine der großartigsten Geschichten des Jahrzehnts ins Haus geschneit, oder wollte man ihn mit einer ausgeklügelten Schwindelei hereinlegen?

Wenn Jessup bisher nur verwirrt war, so bedeutete das gar nichts im Vergleich zu dem, was ihm noch bevorstand. Während er überlegte, wie er auf die letzte Entwicklung reagieren sollte, bahnten sich anderswo schon viel seltsamere Ereignisse an.

# 3

## Die Marine wird aufmerksam

Wäre die Geschichte hier zu Ende, hätte sich Dr. Jessup aller Wahrscheinlichkeit nach mehr als glücklich geschätzt, diese seltsamen Briefe den Phantastereien eines Narren zuzuschreiben. Einige seiner engen Freunde bestätigen, daß er entgegen seinem ursprünglichen Interesse für diese Sache inzwischen zu der bequemeren Schlußfolgerung gelangt war, daß die Briefe einfach zu unglaublich waren, um ihnen Bedeutung zuzumessen.

Es ist zwar nicht bekannt, ob Jessup sich jemals die Mühe machte, den dritten Brief zu beantworten, doch wenn er es getan hat, dann sicherlich ohne sich irgendwie festzulegen. Aber ob er nun antwortete oder nicht, ist relativ unerheblich im Hinblick auf das, was folgte. Jedenfalls wissen wir, daß Jessup mit der Suche nach Geldquellen für eine neue Mexiko-Expedition viel zu beschäftigt war, um phantastischen Geschichten über verschwindende Schiffe und unsichtbare Mannschaften nachzujagen. Er hatte sich offenbar als nächstes Ziel gesetzt, jene Krater weiter zu erforschen.

Mit diesem Vorhaben im Sinn schrieb er jedenfalls Ende 1956 folgendes an Gray Barker, einen seiner weniger mysteriösen Briefpartner:

> Sie wissen natürlich von meinem Interesse für Mexiko, und ich freue mich, daß meine Pläne jetzt plötzlich und unerwartet Gestalt angenommen haben: 1. muß ich wahrscheinlich aus geschäftlichen Gründen nach Mexiko, und zwar zu Untersuchungen über mögliche Mineralvorkom-

men im Inneren der Krater; 2. wird die Regierung wahrscheinlich eine Expedition unter der Schirmherrschaft der Universität von Michigan finanzieren. Die erste Reise soll etwa fünf Wochen dauern, und ich werde voraussichtlich um den 10. Dezember herum aufbrechen. Die zweite Sache dürfte ungefähr am 1. April [1957] aktuell werden und mindestens fünf Monate in Anspruch nehmen ... Verträge wurden [noch] nicht unterschrieben.

Zwar sollten beide Möglichkeiten sich leider später zerschlagen, aber im Moment war Jessup in überschwenglicher Stimmung, und in seinen Briefen zeigt sich deutlich seine Erwartung und Vorfreude. Außerdem arbeitete er an einem, wie er annehmen mußte, bedeutenden neuen Buch *(The Expanding Case for the UFO)*, und es ist daher nicht schwer zu verstehen, daß er die Erwägung weniger vordringlicher Angelegenheiten in den Hintergrund schob, darunter sicherlich auch die Allende-Briefe. Wenn er einmal mehr Zeit und das Bedürfnis nach einer Beschäftigung haben würde, könnte er sie sich ja wieder vornehmen, doch für den Augenblick hatten sie zu warten.

Trotz Jessups Überzeugung, daß die Briefe keine aktuelle Sache waren, begannen sich gewisse Dinge zu ereignen, die Jessup weder ahnen noch beeinflussen konnte – eine Reihe von höchst merkwürdigen Zufällen.

Die Fairneß gebietet uns, darauf hinzuweisen, daß es über die folgende Geschichte mehrere Berichte gibt, die sich mehr oder weniger voneinander unterscheiden, je nachdem, wie weit sie sich von ihrem eigentlichen Ursprung entfernt hatten, bevor jemand sich für sie interessierte und sie niederschrieb. Wir haben uns bemüht, unter Berücksichtigung all dessen diejenige Version zu rekonstruieren, die aus der offenbar zuverlässigsten Informationsquelle stammt. Dabei haben wir den Berichten von Leuten, die Dr. Jessup persönlich kannten, mehr Bedeutung beigemessen als denen aus zweiter und dritter Hand.

Dieser Teil der Geschichte setzt offenbar Ende Juli oder Anfang August 1955 ein, demnach also – wenn das Datum stimmt – mindestens ein paar Monate *bevor* Jessup den ersten von Allendes verwirrenden Briefen erhielt. Auf jeden Fall begann alles mit einem Päckchen, adressiert an „Admiral N. Furth, Chief, Office of Naval Research, Washington 25, D.C.", das Major Darrell L. Ritter, USMC Aeronautical Project Officer bei der ONR (Office of Naval Research), dem Forschungsbüro der Marine, in der Eingangspost fand. Das braune Packpapier trug den Poststempel „Seminole, Texas, 1955", und diagonal über die Vorderseite hatte jemand „Frohe Ostern" gekritzelt. Es enthielt weder eine Absenderangabe noch einen Begleitbrief, aber ein Paperback-Exemplar von Morris Jessups *The Case for the UFO.* Als Ritter es aufschlug, fielen ihm sofort die vielen verwirrenden handschriftlichen Randbemerkungen und Unterstreichungen in mindestens drei verschiedenen Farben auf. Die Anmerkungen erweckten tatsächlich den Eindruck, als besäße der Schreiber das Wissen eines Eingeweihten über UFOs, deren Antriebskraft, Herkunft, Hintergrund und Geschichte. Das Buch selbst war schon ziemlich zerfleddert, und wer auch immer für diese Arbeit verantwortlich war, hatte offensichtlich viel Zeit darauf verwendet.

Admiral Furth selbst scheint sich nicht für ein solches anonymes Geschreibsel interessiert zu haben – falls ihm das Buch überhaupt jemals vorgelegt wurde –, Major Ritter jedoch hielt es anscheinend zumindest für eine bemerkenswerte Kuriosität. Jedenfalls ist es offenbar ihm zu verdanken, daß dieses Buch nicht sofort in den Papierkorb wanderte. Ritter behielt es wahrscheinlich, nachdem er Furths Desinteresse sah, und widmete ihm einen Großteil seiner Freizeit. Seine unmittelbare Reaktion ist nicht bekannt, doch die Lektüre des Buches mit seiner Unzahl bizarrer Anmerkungen dürfte ihn sicherlich in Erstaunen versetzt haben. Die Randbemerkungen schienen Erklärungen für das in Jessups Buch erörterte rätselhafte Verschwinden von Schiffen, Flugzeugen und Menschen –

meist im Gebiet des geheimnisumwitterten Bermuda-Dreiecks – zu sein. Darüber hinaus behandelten sie, manchmal bemerkenswert weit ins Detail gehend, den Ursprung der vielen „sonderbaren Stürme und Wolken, vom Himmel fallenden Objekte, seltsamen Zeichen und Fußabdrücke und derlei Dinge", über die Jessup geschrieben hatte. Auch Städte auf dem Meeresgrund wurden erwähnt und im Zusammenhang damit zwei Gruppen wahrscheinlich außerirdischer Lebewesen, „die LMs" und „die SMs", von denen nur die eine, nämlich die „LMs" als freundlich gelte. Außerdem waren die handschriftlichen Anmerkungen mit ausgefallenen Ausdrücken gespickt, wie zum Beispiel Mutterschiff, Heimschiff, Totes Schiff, Große Arche, Großes Bombardement, Große Rückkehr, Großer Krieg, Kleinmänner, Kraftfelder, Tiefe Erstarrungen, Maßanzeiger, Aufklärungsschiff, Magnetfelder, Schwerkraftfelder, Diamantblätter, Kosmische Strahlen, Kraftschneider, Einlegearbeit, Klartext, Telepathieren, Schwingungsknoten, Wirbel, Magnetnetz etc.

Major Ritter muß gewußt haben, daß militärische Stellen gerade zu jener Zeit der Antischwerkraftforschung besonders großes Interesse widmeten, und möglicherweise glaubte er, hier einen Hinweis in dieser Richtung gefunden zu haben. Ganz gleich aus welchen Motiven, er war jedenfalls derjenige, der das Buch aufbewahrte. Aus seinen Händen erhielten es nämlich einige Monate später zwei ONR-Leute, nachdem sie ihr Interesse dafür bekundet hatten; der eine war Commander George W. Hoover, Special Projects Officer, und der andere ein Neuling beim ONR, Captain Sidney Sherby. Beide waren am seinerzeit laufenden *Project Vanguard* beteiligt – das war der Deckname der Entwicklungsarbeiten für den ersten Erdsatelliten der USA – und interessierten sich für Antischwerkraftforschung.

Commander Hoover war offensichtlich von den geheimnisvollen Kritzeleien und seltsamen Randbemerkungen so gefesselt, daß er einen großen Teil seiner Zeit dem Versuch opferte, der Sache nachzugehen und festzustellen, was dahintersteckte.

Auch Captain Sherby war sehr interessiert, und sie dikutierten stundenlang über die eigenartige Angelegenheit. Was zunächst dabei herauskam, war ein Brief – entweder von Sherby oder von Hoover – an Morris Jessup, mit einer Einladung ins ONR nach Washington zwecks Besprechungen über sein Buch.

Als Jessup eintraf, zeigte man ihm die mit Randbemerkungen versehene Paperbackausgabe seines Buchs *The Case for the UFO,* die achtzehn Monate früher auf Major Ritters Schreibtisch gelandet war.

„Dieses Buch ist uns anonym per Post zugeschickt worden", erklärte einer der beiden Offiziere. „Allem Anschein nach ist es zwischen mindestens drei Personen hin und her gewandert, die alle jeweils Anmerkungen gemacht haben." (Diese irrtümliche Annahme ist darauf zurückzuführen, daß drei verschiedene Tintenfarben benutzt wurden und daß einige der Bemerkungen den Eindruck erweckten, als bildeten sie eine Frage- und Antwortkonversation zwischen mehreren Personen. In Wirklichkeit scheint es tatsächlich nur einen Kommentator gegeben zu haben.) „Sehen Sie sich das an, Mr. Jessup, und sagen Sie uns, ob Sie eine Idee haben, wer das geschrieben haben könnte."

Wie Vincent Gaddis berichtet, „wurde Morris Jessup zusehends verstörter, als er die Anmerkungen durchging, denn immer mehr Kommentare bezogen sich auf Dinge, von denen er zwar gehört, aber in seinem Buch nichts erwähnt hatte. Die Person – oder die Personen – die diese Randbemerkungen und Kommentare verfaßt hatte, wußte außerdem offensichtlich eine ganze Menge über das seinerzeitige ‚UFO-Wesen', über außerirdische Phänomene und über viele andere Dinge, die eigentlich nur von Psychiatern und Leuten, die sich mit Kulten und Mystik beschäftigten, erörtert zu werden pflegten. Es kam dabei nicht so sehr darauf an, ob diese der Wahrheit entsprachen oder nicht. Der springende Punkt war, daß ein Unbekannter so genau darüber Bescheid wußte."

Jessup war verunsichert. Warum, so fragte er sich, interessierte sich die Marine für das Produkt eines offensichtlich

Geistesgestörten? Wer der Urheber sein sollte, konnte er sich beim besten Willen nicht vorstellen – das heißt, er konnte es so lange nicht, bis ihm zufällig eine bestimmte Bemerkung auffiel, die sich auf ein angebliches Geheimprojekt der Marine aus dem Jahr 1943 bezog. Jetzt fiel ihm natürlich ein, daß er davon schon gehört hatte, und er blätterte weiter. Nachdem er noch ein paar direktere Hinweise auf das unsichtbare Schiff gefunden hatte, war jeder Zweifel beseitigt: Sein ehemaliger mysteriöser Briefpartner Carlos Miguel Allende mußte in irgendeinem Zusammenhang mit diesem Buch stehen. Zufrieden mit seiner Schlußfolgerung, hatte Jessup erklärt, er sei sicher, in seinen Unterlagen mindestens zwei Briefe „eines der Kommentatoren“ zu haben.

„Danke, Mr. Jessup“, antwortete Hoover. „Es wäre sehr wichtig für uns, diese Briefe zu sehen.“ Hoover informierte Jessup dann über sein außerordentliches Interesse für diesen Fall und daß er bereits alles in die Wege geleitet hatte, das mit Anmerkungen versehene Buch Jessups in begrenzter Anzahl vervielfältigen zu lassen, um es dann „einigen maßgeblichen Leuten an der Spitze“ vorzulegen. „Wir werden dafür sorgen, daß Sie ebenfalls ein Exemplar bekommen“, versprach er Jessup.

Jessup dürfte wohl Hoovers Wunsch nachgekommen sein, denn die Briefe erschienen später als Teil der „Einführung“ zu dem auf Hoovers Veranlassung „in begrenzter Auflage“ vervielfältigten Buch Jessups. Den Rest der Einführung verfaßten Hoover und Sherby.

Jemand aus Jessups unmittelbarer Umgebung ging sogar so weit zu behaupten, Jessup sei nicht weniger als dreimal wegen dieser Angelegenheit bei der ONR gewesen.

Dieses Buch zu vervielfältigen war keine leichte Aufgabe: Da war zunächst der langwierige und mühevolle Prozeß, das ganze Buch mit allen Anmerkungen auf Matritzen abzuschreiben (es gab ja noch kein Xerox-Verfahren) und dann Kopien in zwei Farben abzuziehen (schwarz für den Buchtext und rot für die Anmerkungen und Unterstreichungen). Durchgeführt wurde diese Arbeit von der Varo Manufacturing Company in Garland, Texas, einer Elektronikfirma, die schon ganz auf das „Raumzeitalter" eingestellt war und hauptsächlich militärische Forschungsaufträge durchführte. Von Hoover und Sherby ist bekannt, daß sie damals schon enge Beziehungen zu dieser Firma unterhielten, in deren Dienste sie später beide eintraten. Ob die Kosten dieses Projekts von der Varo, dem ONR oder von Hoover und Sherby persönlich getragen wurden, ließ sich nicht mehr feststellen. Es ist jedoch bekannt, daß die Schreibarbeiten von einer Miss Michael (Michelle?) Ann Dunn durchgeführt wurden, der Privatsekretärin des damaligen Präsidenten von Varo, Austin N. Stanton, und daß die Vervielfältigungsmaschine in der „Military Assistance"-Abteilung dieser Firma stand. Aus einer der Informationsquellen verlautete allerdings die Behauptung, Miss Dunn sei gar nicht Mr. Stantons Sekretärin gewesen, sondern eine Aushilfskraft, die nur für diese spezielle Schreibarbeit engagiert wurde. Tatsächlich streitet Varo selbst ab, irgendwelche Unterlagen über ein Anstellungsverhältnis einer „Miss Dunn" zu haben.

Es wurden genau 127 Kopien angefertigt (früheren Quellen zufolge wurde von 25 Kopien gesprochen), vollständig mit der dreiseitigen, nicht signierten Einführung von Hoover und Sherby sowie den maschinengeschriebenen Kopien der beiden Briefe von Carlos Miguel Allende an Dr. Jessup. Die Druckseiten waren mühevoll mit der Hand kollationiert und in hellblaue Pappdeckel gebunden.

Rückblickend betrachtet scheint das Interesse von Hoover und Sherby für dieses Buch von ihrer Überzeugung herzurühren, wie sie es in der Einführung formulierten, daß „wegen der großen Bedeutung, die wir der Möglichkeit beimessen, Hinweise auf die Natur der Schwerkraft zu entdecken, nichts außer acht gelassen werden darf, und sei es vom Standpunkt der klassischen Wissenschaft noch so indiskutabel". Welche „Hinweise auf die Natur der Schwerkraft" allerdings damit gemeint waren, ist nicht recht klar, denn abgesehen von Jessups eigenen vagen Andeutungen hierzu erscheinen in den Anmerkungen der Varo-Ausgabe nur ganz wenige (zugegebenermaßen allerdings ziemlich vielversprechende) Bezugnahmen darauf.

Ganz gleich aus welchen dunklen Beweggründen kursierte dieses Buchexemplar jedenfalls eine Zeitlang in Washingtoner Militärkreisen. Über diesen Aspekt der Angelegenheit schreibt der UFO-Forscher und Schriftsteller Gray Barker, der lange einer der Aktivsten in dem Bemühen war, das Rätsel der Allende-Briefe zu lösen, in seinem 1963 erschienenen Buch *The Strange Case of Dr. M. K. Jessup:*

> Ich hörte zum erstenmal von der kommentierten Ausgabe durch Mrs. Walton Colcord John, der Direktorin der *Little Listening Post,* einer zukunftsorientierten UFO-Zeitschrift, die in Washington verlegt wird. Mrs. John erzählte mir am Telefon von einem merkwürdigen kursierenden Gerücht, nach dem jemand ein mit Anmerkungen versehenes Exemplar nach Washington geschickt und die Regierung die Kosten nicht gescheut hätte, genaue Kopien von dem Buch, so wie es war, mit allen Unterstreichungen und handschriftlichen Zusätzen zu dem ursprünglichen Text, herstellen zu lassen. Und diese Kopien würden, so sagte sie, durch militärische Kanäle in ziemlich weiten Kreisen zirkulieren.
>
> Sie selbst hatte natürlich keine dieser Kopien gesehen und wußte nicht viel über den Inhalt, schien ihn aber irgendwie mit einem angeblichen Versuch der Marine in Verbindung zu bringen, bei dem ein Schiff völlig unsichtbar geworden war. Ich konnte nicht allzuviel damit anfangen, bis ich später von den sonderbaren Allende-Briefen hörte, die ein derartiges Experiment auf die schreckenerregendste Weise beschrieben.

Da unser Hauptinteresse aber Jessup und den mysteriösen Allende-Briefen gilt und nicht der Varo-Ausgabe von *The Case for the UFO,* wollen wir uns wieder unserem Thema widmen. (Sollte der Leser sich näher dafür interessieren, kann er ein

Faksimile der Varo-Ausgabe über Mr. Barker, Saucerian Press, PO Box 2228, Clarksburg, West-Virginia, 26302 beziehen.)

Welche Wirkung all diese unerwarteten Entwicklungen auf Dr. Jessup hatten, läßt sich schwer feststellen. Es scheint jedoch, daß diese, zusammen mit einem Autounfall und Eheschwierigkeiten, mit denen Jessup zu jener Zeit konfrontiert war, ihm einen Schock versetzten, von dem er sich nie mehr ganz erholte. Berichten aus seiner Umgebung zufolge scheint aber sicher zu sein, daß Jessup nach Erhalt der drei vom ONR versprochenen Varo-Exemplare sehr viel Zeit darauf verwendete, das Buch eingehend durchzuarbeiten. Jessup sei über den wirklich bizarren Inhalt der Randbemerkungen so beunruhigt gewesen, daß er sich die Mühe machte, nun seinerseits Anmerkungen zu verfassen. Er tippte seine Kommentare auf Zettel und klebte sie auf etwa jede zehnte Seite. (Dieses Exemplar mit den Kommentaren zu den Anmerkungen existiert anscheinend noch, doch der Eigentümer stellt es selbst zu Forschungszwecken nicht zur Verfügung.)

Inzwischen bestätigte sich das Ausmaß von Hoovers und Sherbys Interesse an dieser Angelegenheit durch die Tatsache, daß einer von ihnen (oder vielleicht auch beide) anscheinend große Anstrengungen unternahm, Carlos Allende ausfindig zu machen.

Eine Reise, die Hoover zu der von Allende in seinen Briefen an Jessup angegebenen Adresse unternahm, verlief ergebnislos – genauso wie alle anderen Versuche, ihn mit Hilfe traditioneller Methoden zu finden. Allende schien verschwunden. Zusätzlich zu den Bemühungen der Marineleute soll auch ein ungenannter Freund von Dr. Jessup (vielleicht in seinem Auftrag?) Allende unter jener Anschrift gesucht haben, mit dem gleichen negativen Ergebnis. Der Mann fand ein leeres Farmhaus vor und konnte von den Nachbarn in Erfahrung bringen, daß jemand namens Carlos oder Carl einige Zeit dort bei einem älteren Ehepaar gewohnt hatte und dann weitergezogen war. Einige Zeit später sei dann ein Lastwagen vorgefahren, das ältere Ehepaar hätte seine Habseligkeiten verladen, wäre eingestiegen, und der Lkw sei mit unbekanntem Ziel davongefahren.

Jessup als ausgebildeter Astrophysiker konnte sich nur schwer vorstellen, warum die Marine sich all diese Mühe machte, es sei denn, an der ganzen Sache war tatsächlich etwas dran. Zweifellos hatte er ein ganz spezielles Interesse für die Begleitumstände jenes angeblichen Unsichtbarkeitsexperiments entwickelt, und er verwendete zumindest einen großen Teil seiner Zeit auf Untersuchungen gewisser Möglichkeiten.

Nachdem sich Jessups Hoffnungen auf eine weitere Erforschung der mexikanischen Krater zerschlagen hatten, scheint er etwa 1958 seinen eigentlichen Beruf so gut wie aufgegeben zu haben und versuchte nunmehr, seinen Lebensunterhalt nur noch mit Schreiben und Veröffentlichungen zu verdienen. Obwohl er damit zunächst nicht allzuviel Erfolg hatte und sich mit einem eher bescheidenen Einkommen begnügen mußte, machte es ihn doch einigermaßen unabhängig, zumal seine Kinder erwachsen und aus dem Haus waren und seine Frau ihn verlassen hatte. Also verschloß er sein großes Haus in der Nähe von Miami, kehrte in seine Heimat Indiana zurück und ließ sich dort als Herausgeber einer kleinen astrologischen Zeitschrift nieder. Er versuchte weiterhin, als Schriftsteller Karriere zu machen, interessierte sich aber gleichzeitig mehr und mehr für übersinnliche Phänomene – vielleicht weil er dies für eine Möglichkeit hielt, seinen zunehmend getrübten Gemütszustand zu erklären. Freunde, die während dieser Monate noch in Verbindung mit ihm waren, berichten von deutlichen Anzeichen starken inneren Aufruhrs und steigender Spannung und Verwirrung bei Jessup. Eine seiner „übersinnlichen" Freundinnen, die Jessup Anfang 1958 anläßlich eines seiner Besuche in Ann Arbor zum Dinner eingeladen hatte, soll später erzählt haben, wie entsetzt sie über „die Veränderung seiner Ausstrahlung" war. „Sie hatte eine Art astralen Körpergeruch angenommen", wie sie in rührender Offenheit bemerkte.

Der Anfang vom Ende war Jessups Reise Ende Oktober 1958 nach New York, die vorgeblich dem Zweck diente, astrologische Organisationen und Verleger aufzusuchen. Zumindest oberflächlich betrachtet war eine solche Reise nichts Außergewöhnliches für ihn, denn er war früher oft in New York gewesen und hatte dort zahlreiche Kontakte angeknüpft. Deshalb kam auch keinem seiner Bekannten der geringste Verdacht, daß dies sein letzter Besuch bei ihnen sein sollte.

Zu oder um Allerheiligen folgte Jessup der Dinnereinladung eines seiner Freunde in seine Wohnung in New York; es war der prominente Naturforscher Ivan T. Sanderson, Gründer der *Society for the Investigation of the Unexplained (SITU)**, die heute ihren Sitz in Little Silver, New Jersey hat. In Nr. 4 (September 1968) der Zeitschrift *Pursuit* seiner Gesellschaft veröffentlichte Sanderson über Jessups letzten Besuch einen Bericht, aus dem wir hier frei zitieren:

> Im Jahr 1958 ereigneten sich dann eine ganze Reihe von mysteriösen Vorfällen . . . Die abartigsten Dinge geschahen, die allein genügend Material für ein ganzes Buch abgeben würden. Sie endeten in einer wirklich scheußlichen Tragödie.
>
> An einem bestimmten Tag war Morris Jessup zu Gast in meinem Hause. Vor, während und nach dem Dinner waren nach und nach etwa ein Dutzend Leute anwesend. Auf einmal bat Jessup drei von uns zu einem persönlichen Gespräch in mein Arbeitszimmer. Wir folgten seiner Aufforderung, und er übergab uns das ursprüngliche Exemplar jener Varo-Ausgabe mit seinen Kommentaren zu den Anmerkungen. Er bat uns fast feierlich, es zu lesen und dann sicher wegzuschließen, „für den Fall, daß mir etwas zustoßen sollte“. Damals erschien uns das ein bißchen dramatisch, doch nachdem wir das Material gelesen hatten, mußten wir zugeben, daß uns ein kollektives Gefühl unangenehmster Art erfaßte . . .
>
> Morris war ein treusorgender Familienvater und beson-

* Gesellschaft zur Erforschung des Unerklärlichen

ders um das künftige Wohl seiner Enkel besorgt. Bei diesem unserem letzten Zusammensein war er äußerst erregt und gab zu, daß er infolge eines ursprünglich rein intellektuellen Interesses für natürliche Phänomene nun rettungslos in den Sog einer vollkommen unsinnigen Welt der Unwirklichkeit geraten war. Er sprach von seiner unverblümten Angst angesichts des endlosen Stromes von „zufälligen Geschehnissen" in seiner Arbeit und in seinem Privatleben. Aber darüber hinaus war er verzweifelt, weil er fürchtete, man könnte ihn für wahnsinnig halten, falls er von diesen und ähnlichen Dingen sprach.

Er sagte zu uns tatsächlich etwa folgendes: „Ich glaube nicht, daß ich spinne, sondern daß all dieser Unsinn sich wirklich ereignet und keine Ausgeburt meiner Phantasie ist. Wenn ihr dieses Buch gelesen habt, werdet ihr sehen, warum ich zu dieser Schlußfolgerung gelangen mußte. Ich kann mich ja täuschen, aber ich habe das bestimmte Gefühl, daß das nicht so weitergehen kann, ohne daß etwas Unangenehmes passiert. Und wenn etwas passiert und jemand liest dieses Material, dann heißt es doch sofort, ich sei übergeschnappt. Und ihr wißt ganz genau, wenn so etwas erst einmal vermutet wird, zieht jeder uneingeweihte Bürger gleich den Schluß, daß in meiner Familie Wahnsinn vorkommt."

Sogar damals schon war das eine ziemlich tragische Situation. Natürlich gaben wir unser feierliches Versprechen, daß wir Morris' Wunsch gewissenhaft erfüllen würden. Er trieb die Sache dann noch auf die Spitze und forderte von uns, das Material nur dann zu veröffentlichen, wenn bestimmte von ihm benannte Personen dies schriftlich (und mit beigefügter notarieller Beglaubigung) verlangten.

Sanderson stellte weiter fest, daß er „wiederholt aufgefordert" wurde, den Namen der Person preiszugeben, welcher Jessup an jenem Abend das Dokument zur sicheren Aufbewahrung übergeben hatte, daß er sich jedoch „genauso wiederholt geweigert" hatte und dies auch weiterhin tun würde. Soweit bekannt ist, hat er bis zu seinem Tod im Jahr 1973 gewissenhaft Wort gehalten – obwohl wir durch gewisse Geschehnisse zu der Vermutung gelangt sind, daß der Mann, den Jessup ausgewählt hatte, niemand anders als Sanderson selbst war.

Planmäßig hätte Jessup innerhalb der nächsten Tage nach Indiana zurückkehren müssen, es war also niemand verwundert, daß er einen oder zwei Tage nach Sandersons Dinnerparty aus New York abreiste. Als jedoch die Tage vergingen und er nicht in Indiana eintraf, begannen einige Leute, unter anderen sein Verleger, um seine Sicherheit zu fürchten. Nachdem etwa zehn Tage ohne Nachricht vergangen waren, machten sie die Anschrift eines seiner New Yorker Geschäftsfreunde ausfindig und schrieben ihm, mit der Bitte um Auskunft über Jessups Verbleib. Mit Bestürzung erfuhren sie, daß dieser Mann auch nichts wußte.

Mitte Dezember 1958 schließlich – also einen Monat nach der besorgten schriftlichen Anfrage durch Jessups Verleger und ganze sechs Wochen nach seiner Abreise aus New York – hörte (wieder laut Sanderson) ein anderer Freund, „daß er in Florida ist, wohin er direkt von New York aus gefahren war; er hatte sein Haus wieder bezogen und war dann ein paar Tage später in einen fürchterlichen Autounfall verwickelt worden, dessen Folgen er noch nicht überwunden hatte".

Über die nächsten Monate in Jessups Leben ist wenig bekannt, außer daß sein depressiver Zustand sich in dieser Zeit zunehmend verschlimmerte. Seine unglückliche Situation wurde natürlich durch den Autounfall noch erschwert, denn dadurch war er nicht in der Lage, das auszuführen, was er für wert und wichtig hielt. Hinzu kommt, daß sein Verleger einige seiner Manuskripte als „nicht seinem sonstigen Niveau entsprechend" zurückwies und daß seine Arbeiten fortgesetzter Kritik von seiten wissenschaftlicher und akademischer Kreise ausgesetzt waren. Auf jeden Fall verbrachte er zweifellos einen großen Teil seiner Zeit damit, zu planen, was er künftig mit seinem Leben anfangen sollte.

Mitte April 1959, kaum zwei Monate nach seinem 59. Geburtstag, beschloß er das Ende. In einem langen „deprimierten und deprimierenden" Brief an seinen engsten Freund in New York, den bekannten, inzwischen verstorbenen Moderator einer WOR-Talk-Show, „Long John" Nebel, schüttete Jessup sein Herz aus. In diesem Brief, der als „klare Selbstmordankündigung" gewertet wird, klagte Jessup, daß er das Gefühl habe, nur noch „dahinzuvegetieren", und bat darum, gewisse Dinge für ihn zu erledigen. Dann erklärte er in unmißverständlicher Deutlichkeit, er wolle das Risiko eingehen, daß „eine andere Daseinsform des Universums besser ist als diese erbärmliche Welt". Er sei erst nach reiflicher Überlegung und nicht etwa in einem Anfall plötzlicher Verzweiflung zu diesem Entschluß gelangt.

Auch seinen letzten Wunsch teilte er Nebel in diesem Brief mit: Wenn er Selbstmord begangen habe, sollte Nebel eine Séance arrangieren und während seiner nächtlichen Radiosendung durchführen, um festzustellen, ob eine Verständigung nach dem Tod möglich sei. Nach Auskunft von Paris Flammonde, dem langjährigen Produzenten der *Long John Nebel Show*, war das Programm vollständig vorbereitet und sendefähig, als „Mr. Nebels Anwalt alles rückgängig machte, weil er glaubte, daß die Intimsphäre gewisser Leute verletzt werden könnte".

Aus zuverlässiger Quelle heißt es, daß Jessup noch mindestens zwei weitere derartige Abschiedsbriefe an enge Freunde schrieb, aber die genaue Anzahl ist in diesem Zusammenhang ohne Bedeutung. Am 20. April 1959, etwa um 18.30 Uhr, entdeckte man den nur noch schwach atmenden Dr. Morris K. Jessup. Er war über dem Lenkrad seines Kombiwagens zusammengesunken, den er laut Totenschein in Matheson's Hammock, im Dade County Park, nicht weit von seinem Haus in Coral Gables, geparkt hatte. Es wird berichtet, daß er nur wenige Augenblicke später verstarb, entweder noch auf dem Weg zum Krankenhaus oder kurz nach seiner Einlieferung – Opfer einer Kohlenmonoxydvergiftung, die er selbst herbeiführte, indem er einen Schlauch über das Auspuffrohr seines Wagens gestülpt und das Gas durch das fast geschlossene Fenster ins Wageninnere geleitet hatte. Wie wir später noch sehen werden, gab es Leute, die andeuteten, es sei nicht Selbstmord gewesen.

Ivan Sanderson fühlte sich – als einer von Jessups engsten Freunden – einige Jahre später zu der Stellungnahme veranlaßt, einige Freunde und Bekannte Jessups seien zu der einhelligen Meinung gelangt, daß die den „Fall Allende" umgebenden bizarren Ereignisse direkt die „Kette von Zwischenfällen" ausgelöst hatten, die schließlich zu Jessups Tod führten. In *Uninvited Visitors* beschreibt er Jessup als einen „überschwenglichen Enthusiasten . . . fast zu enthusiastisch und von seinen Theorien überzeugt" – bevor er jene Briefe erhielt. Danach schien er plötzlich „alles in Zweifel zu ziehen". Sanderson fuhr fort: „Bei unserem letzten Zusammensein sprach er davon, daß er einfach nicht ‚kosmisch denken' könne, und erklärte, daß die von Allende in seinen Briefen geäußerten Ideen und die Randbemerkungen im Buch über sein Fassungsvermögen gingen und sich über alles hinwegsetzten, was er sich an Wissen angeeignet zu haben glaubte – besonders im Hinblick auf das, was er eigentlich immer als eine ziemlich einfache und mehr oder weniger ‚isolierte' Sache angesehen hatte, nämlich die UFOs."

Während Sanderson Jessup als durch die ganze Allende-Angelegenheit „vollkommen mystifiziert" schildert, stimmt er mit der Schlußfolgerung seines Freundes überein, daß „viel zu viel in diesen Briefen steht, als daß man sie gänzlich ignorieren könne". „UFOlogie", schreibt Sanderson, „ist eine unheimliche Sache. Es kann nicht alles nur Humbug sein; und doch sind einige ihrer Konsequenzen so bizarr, daß sie praktisch den Verstand übersteigen." Zusammenfassend meinte er: „Wenn je eine Sache einer gründlichen Untersuchung wert war, dann ist es das Rätsel der Allende-Affäre."

# 4

## Anhaltspunkte und Mutmaßungen

Hat das sogenannte Philadelphia-Experiment tatsächlich stattgefunden? Die Kontroverse wurde auch in den Jahren nach Jessups Tod erbittert fortgesetzt und gelegentlich durch das Auftauchen „neuer“ Hinweise aufgeheizt, doch das Rätsel an sich blieb ungelöst. Natürlich kann man nicht erwarten, daß eine derart seltsame und bizarre Geschichte ohne weiteres einfach mit der Zeit verblaßt und in Vergessenheit gerät. Nachdem es jedoch den Mann nicht mehr gab, der offensichtlich die Zentralfigur der ganzen Affäre war, verwandelte sich die erstaunliche Angelegenheit der Allende-Briefe recht schnell (und wie nicht anders zu erwarten) in eine Art Legende.

Am Leben gehalten wurde die Geschichte durch eine zunächst recht kleine, jedoch ständig wachsende Gruppe von Überzeugten, die sich bei näherer Betrachtung klar in zwei Kategorien aufteilen lassen: Die einen hatten Dr. Jessup persönlich gekannt, und ihr Wissen um die Briefe und die damit zusammenhängenden Ereignisse stammte also aus erster Hand; die anderen kannten Leute der ersten Kategorie, die ihnen die Geschichte berichtet hatten. Auf jeden Fall hat sich das Interesse bis zum heutigen Tag unvermindert erhalten und konzentriert sich vor allem auf die Frage, ob und welche möglichen Anhaltspunkte die Briefe und die mit ihnen verbundenen Geschehnisse im Hinblick auf die Existenz und Wirkung von bisher wahrscheinlich unbekannten und ungenutzten Energien bieten. Während Hoovers und Sherbys ursprüngliches Interesse sich hauptsächlich um die Möglichkeit drehte, eventuelle Hinweise auf die Geheimnisse der Anti-

Schwerkraft und der UFO-Antriebskraft zu entdecken, entwickelten sich im Lauf der Jahre Interessen aus den verschiedensten Gründen – angefangen bei reiner Neugier bis hin zur theoretischen Physik.

Einsteins Einheitliche Feldtheorie ist sogar heute noch für die meisten schleierhaft oder kaum verständlich. Es ist durchaus möglich, daß durch eine künftige Anwendung dieser Theorie Rätsel gelöst werden, die die Welt noch mehr verblüffen oder erschüttern als die Erschließung der Atomkraft aus der Formel $E = mc^2$. Wer die Allende-Briefe gelesen und sie nicht sofort als bloßen Mumpitz oder die Faselei eines Psychopathen zurückgewiesen hat, wer sich also die Mühe macht, zumindest darüber nachzudenken, ob vielleicht ein Fünkchen Wahrheit in ihnen steckt, dem schwirrt bald der Kopf vor lauter Vermutungen über eine Menge unergründlicher Dinge. Wenn es der Marine wirklich gelungen war – zufällig oder planmäßig –, durch die Anwendung eines Kraftfelds Unsichtbarkeit zu erzielen oder sogar Teleportation (das sofortige Versetzen eines festen Gegenstandes von einem Ort zum anderen), könnten dann nicht die Ergebnisse solcher Experimente auch eine Erklärung sein für die Kette sonderbarer Ereignisse und für die vielen Fälle von spurlosem Verschwinden in dem allgemein als Bermuda-Dreieck bekannten Gebiet, in dem elektromagnetische Wolken dem Verschwinden von Flugzeugen und Schiffen voranzugehen scheinen? Ist es möglich, daß für diese Schiffe und Flugzeuge die Zeit stehengeblieben ist, daß sie vom Ablauf der Zeit ausgenommen und nun für immer unterwegs sind – zu einem Ziel, das sie nie erreichen? Hat das Experiment vielleicht Beweise für die Existenz anderer Dimensionen in Zeit und Raum erbracht? Haben sich daraus Anhaltspunkte für neue und billige Arten der Fortbewegung oder Energieerzeugung ergeben – von der Tatsache ganz zu schweigen, daß in einer so phantastischen Entdeckung der Schlüssel zur endgültigen Vernichtungswaffe stecken könnte? Es gibt jedenfalls zahlreiche erschreckende Möglichkeiten.

Die Frage ist nur, ob die Briefe wirklich authentisch sind. Wenn das nämlich nicht der Fall ist, sind sie der Schlüssel zu gar nichts, und das ganze Geschrei, das in den letzten zwanzig Jahren wegen dieser Briefe gemacht wurde, hat nichts zu bedeuten.

Es scheint also drei Möglichkeiten zu geben: 1. Das Schiffsexperiment, die Allende-Briefe und folglich auch Allende selbst sind nichts als Lug und Trug und daher keiner Beachtung wert. 2. Die Briefe sind der wahre Bericht über ein tatsächliches Geschehen. 3. Sie sind ein übertriebener, verzerrender und auf Sensationen abzielender Bericht über ein tatsächliches Geschehen, haben daher also eine minimale Grundlage, sind aber nur teilweise wahr.

Wenn wir uns für die erste Möglichkeit entscheiden, dann haben wir uns ohne angemessene Prüfung des vorliegenden Materials eine Meinung gebildet und eine weitere Untersuchung der Angelegenheit erübrigt sich. Wählen wir aber die zweite oder die dritte Möglichkeit, dann ist es wohl vernünftig und richtig anzunehmen, daß wir das aus Gründen tun, die mehr auf Tatsachen als auf Meinung beruhen. Trotz der allzu häufigen anfänglichen Reaktion (die ja auch für Jessup selbst zunächst zutraf), daß diese Sache „einfach zu phantastisch ist, als daß man sie glauben könnte", setzt sie sich desto mehr in einem fest, je mehr man darüber nachdenkt. Obwohl der Impuls, die ganze Angelegenheit als puren Schwindel abzutun (ein grausamer Schwindel, denn er war für Dr. Jessup tödlich), zugegebenermaßen unlogisch wäre, böte er doch den bequemsten Weg, aus der ganzen Affäre herauszukommen. Tut man das nicht, muß man bald feststellen, daß diese Geschichte ihre eigene Art hat, einen zu verfolgen und in einem Netz einzufangen. Die Forderung heißt also: entweder überprüfen oder die Finger davon lassen – aber handeln. Das Interesse der nur Neugierigen bleibt wach, doch die Überzeugten sitzen in der Falle.

Und so hat sich also das, was einmal ganz harmlos als ernsthafter Versuch begann, diese ganze Geschichte ad absurdum zu führen, zu dem vorliegenden Buch entwickelt. Je mehr wir versuchten, die Sache zu widerlegen, desto mehr Anhaltspunkte für ihre Richtigkeit fanden wir.

Warum das in den Allende-Briefen beschriebene Schiffsexperiment eigentlich zu dem Namen Philadelphia-Experiment kam, weiß man nicht genau. Nur eines ist sicher, daß es keine offizielle Bezeichnung ist. Soweit bekannt, gab es niemals irgendein militärisches Unternehmen mit dieser Projektbezeichnung. Wahrscheinlich hatten die ersten, die sich mit dieser Angelegenheit befaßten, das Bedürfnis, ihr einen Namen zu geben, und nachdem sich ja zumindest ein Teil des Projekts angeblich in der Marinewerft von Philadelphia abspielte, war es durchaus passend, die ganze Affäre Philadelphia-Experiment zu nennen. Jedenfalls blieb dieser Name haften, und wir können ihn genausogut weiterverwenden.

Um aber auf unseren ursprünglich eingeschlagenen Weg zurückzukommen, ist vielleicht an dieser Stelle eine kurze prägnante Zusammenfassung der Angelegenheit angebracht. Schließlich liefern jene Briefe, wenn man sie richtig zu lesen weiß, eine Vielzahl verschiedenartigster Anhaltspunkte. Wenn man diese Anhaltspunkte herauszieht, bieten sie mehr als genug Substanz für eine gründliche Untersuchung. Jede Nachforschung sollte mit der Feststellung der vorhandenen grundlegenden Informationen beginnen.

Hier ist also unsere Zusammenfassung der beiden Allende-Briefe einschließlich der Punkte, die berechtigterweise als Grundlage und Ausgangspunkt für eine ernsthafte Untersuchung des Falles angesehen werden können.

Carlos Miguel Allende zufolge geschah folgendes:

1. Albert Einstein stellte tatsächlich in den Jahren 1925 bis 1927 seine Einheitliche Feldtheorie auf, zog sie aber wieder zurück, weil er angeblich vor dem Gedanken zurückschreckte, zu welchen Zwecken die dafür noch nicht reife Menschheit sie mißbrauchen könnte. Laut Allende könnte „Dr. B. Russell" dies bestätigen. (Diese Sache ist in sich selbst nicht unbedeutend, denn eine ordentliche Prüfung zwecks Unterstützung

einer solchen Aussage würde nicht nur eine Diskussion darüber erfordern, was die Einheitliche Feldtheorie eigentlich ist, sondern auch einen einigermaßen tiefen Einblick in Leben und Persönlichkeit Albert Einsteins verlangen.)

2. Das Konzept der Einheitlichen Feldtheorie wurde im Zweiten Weltkrieg von der Marine getestet, „im Hinblick auf alle und jegliche Verwendungsmöglichkeiten, falls in sehr kurzer Zeit durchführbar". Jemand namens „Dr. Franklin Reno", den Allende als seinen Freund bezeichnet, hatte angeblich in diesem Stadium der Angelegenheit etwas mit dem Erzielen von „Resultaten" zu tun.

3. Diese „Resultate" wurden verwendet, um die „völlige Unsichtbarkeit eines Schiffes vom Typ Zerstörer und seiner ganzen Mannschaft auf dem Meer (Oktober 1943)" zu erreichen, und zwar mittels einer Art Energie- oder Kraftfeld, das im Bereich um das Schiff erzeugt wurde. Die Männer auf dem Schiff konnten sich anscheinend gegenseitig verschwommen sehen, doch alles, was von außerhalb des Feldes erkannt werden konnte, war „die sich klar abzeichnende Form des Schiffsrumpfes im Wasser". Die Wirkung dieses Unsichtbarkeit erzeugenden Kraftfeldes auf die Leute war laut Allende erschreckend. „Das Experiment als solches", sagt er, „war ein voller Erfolg, (aber) auf die Besatzung wirkte es sich verhängnisvoll aus."

4. In der Marinewerft von Philadelphia gab es einen speziellen Schiffsliegeplatz für das Versuchsschiff.

5. In einer Tageszeitung in Philadelphia ist eine kleine Notiz erschienen, die das Geschehen bestätigt. Sie bezieht sich vermutlich auf die „Taten der Seeleute nach ihrer ersten Reise", als sie ein Lokal „überfielen" (angeblich die „Seamen's Lounge") und dort wahrscheinlich entweder noch unter der Wirkung des Feldes standen oder über das Experiment in so plastischen Worten diskutierten, daß die Kellnerinnen vor Entsetzen außer sich waren. Man könnte annehmen, daß vielleicht eine Militärstreife zu Hilfe gerufen wurde oder daß irgendein Reporter Wind von der Sache bekam.

6. Allende behauptet, selbst zumindest Teile des Experiments beobachtet zu haben, und zwar im Oktober 1943 von Bord des Liberty-Schiffes *S. S. Andrew Furuseth* aus, einem Schiff der Matson-Linie mit dem Heimathafen Norfolk. Allende zufolge waren folgende Leute an Deck und Zeugen des Experiments: Erster Offizier Mowsely; Richard „Splicey" Price, ein achtzehn- oder neunzehnjähriger Seemann aus Roanoke, Virginia; ein Mann namens „Connally" aus New England (möglicherweise Boston).

7. Konteradmiral Rawson Bennett, Forschungsleiter der Marine, könnte vermutlich bestätigen, daß das Experiment tatsächlich stattfand.

8. Das Versuchsschiff „verschwand" mysteriöserweise „von seinem Dock in Philadelphia" und erschien nur Minuten später in der Gegend von Norfolk. Anschließend verschwand es dort, um dann plötzlich wieder an seinem Dock in Philadelphia zu liegen. Das Ganze geschah innerhalb weniger Minuten. Allende sagt, daß er von dieser Phase nur gehört hat und daß sie zu einem so späten Zeitpunkt wie 1946 stattgefunden haben könnte, „nachdem die Experimente abgebrochen worden waren".

9. Allende deutet an, daß das Office of Naval Research zum Zeitpunkt der Kraftfeld-Experimente unter Leitung des „jetzigen [zur Zeit des Briefes, also 1956] Marinechefs, Burke", stand und daß dieses Experiment „aufgrund von Burkes Neugier und Bereitschaft und Drängen durchgeführt werden konnte". Dieser Burke wird von Allende als ein Mann mit einer sehr positiven Einstellung zur Forschung geschildert.

10. Schließlich liefert Allende Jessup außer seiner damals gültigen Adresse noch folgende Einzelheiten über sich selbst: seine Z-Nummer Z416175 als Seemann der Handelsmarine; die Tatsache, daß er etwa sechs Monate auf der *S. S. Andrew Furuseth* diente; er bezeichnet sich selbst als „so etwas wie einen Dialektiker" und als „Sterngucker" und gibt an, daß er „ausgedehnte Reisen" zu unternehmen pflegt.

Die Nachforschungen, die man anstellen muß, um all

diesen Angaben nachzugehen, stellen nicht nur ein beträchtliches Unterfangen dar, sondern setzen auch das Erlangen wesentlicher zusätzlicher Informationen und die bereitwillige Mitwirkung einer großen Anzahl von Personen voraus.

Hat sich das Philadelphia-Experiment wirklich so zugetragen, wie Allende behauptet? Und wenn es so war, was sind dann die Konsequenzen hinsichtlich der Auswertung und Anwendung solcher bis dahin unvorstellbaren Energieformen – Energien einer Art, die durchaus, wie Allende andeutet, die Antriebskraft jener fremdartigen fliegenden Objekte sein könnte, die wir UFOs nennen?

Zu diesem Thema lohnt es sich, an Allendes Schlußbemerkungen seines dritten Briefes zu erinnern: „Vielleicht hat die Marine diesen Transportunfall schon benutzt, um Ihre UFOs zu bauen. Unter jedem Blickwinkel ist das ein logischer nächster Schritt."

Logisch? Vielleicht. Doch bevor wir mögliche Antworten zu dieser Frage anbieten, sollten wir unsere Aufmerksamkeit jener Persönlichkeit widmen, die offensichtlich im Mittelpunkt dieser ganzen rätselhaften Affäre steht – Señor Carlos Miguel Allende.

# 5

# Der geheimnisvolle Señor Allende

Obwohl im Lauf der Jahre zahlreiche Versuche unternommen wurden, das Rätsel der Allende-Briefe zu lösen, hat es praktisch niemand geschafft, in den Besitz wirklich wichtigen Beweismaterials zu gelangen – denn keiner konnte den Schlüssel zu der ganzen Affäre finden: den geheimnisvollen Señor Allende. Es war allen klar, daß des Rätsels Lösung nur über den Briefschreiber Allende und seine Zeugenaussage möglich war. Da man ihn nicht aufspüren konnte, mußte man sich mit einer endlosen Kette von Mutmaßungen begnügen.

Noch komplizierter wurde das Problem durch das Auftauchen etlicher „falscher Allendes" in den sechziger Jahren, die bereit waren, „ihre Geschichte" zu verkaufen, wenn die Kasse stimmte. Einer machte sich sogar die Mühe, seine Briefe in New Kensington stempeln zu lassen, also in der vermutlichen Heimatstadt des echten Allende. Zum Glück ließ sich kein Käufer überzeugen. Manche Leute bezweifelten überhaupt, daß es einen echten Carlos Miguel Allende gab, und erklärten, die ganze Sache sei eine vom Marinegeheimdienst ausgetüftelte Intrige mit dem Ziel, die private UFO-Forschung in Mißkredit zu bringen – an und für sich eine interessante Hypothese, der jedoch wegen der Komplexität der vorliegenden Tatsachen die Grundlage fehlt.

Die Suche nach Allende brachte große Schwierigkeiten mit sich. Die mühsame und zeitraubende Überprüfung der Telefonbücher zahlreicher Städte und Landgebiete, der Personalakten des Heeres, der Kriegs- und Handelsmarine, die Überprüfung von Polizeiakten, Zeitungsarchiven und Sterberegistern,

Anfragen bei Schriftstellern und Forschern auf dem Gebiet unerklärlicher Phänomene – alles war erfolglos, bis ein außerordentlicher Zufall die Antwort brachte.

Sie kam auf dem Weg über Jim Lorenzen, den wir als einen der ersten angeschrieben hatten. Lorenzen ist Direktor der Aerial Phenomenon Research Organization (APRO) in Tucson, Arizona. Er teilte uns mit, daß die APRO-Zeitschrift im Jahr 1969 einen Artikel über Allende gebracht hatte, nachdem in ihrer Hauptverwaltung ein Mann aufgetaucht war, der sich als Allende ausgab. Während eines Interviews über seine Angaben zum Philadelphia-Experiment hätte er ein „Geständnis" abgelegt (und später widerrufen). Lorenzen war so nett, uns ein Foto mitzuschicken, das er von Allende während des Interviews aufgenommen hatte, aber darüber hinaus konnte er uns nichts mitteilen, da er von Allende seither nichts mehr gehört hatte und auch seine Adresse nicht besaß. Ungefähr einen Monat später wandte sich Moore wegen einer ganz anderen Angelegenheit an Lorenzen. Es vergingen einige Wochen, bis Jims Antwort eintraf, aber als wir sie endlich hatten, fanden wir am Ende als eine Art P. S. die unverhoffte Bemerkung: „Mit der heutigen Post kam ein Brief von C. A.", und es folgte eine Adresse. Obwohl es nicht die Anschrift von Allende selbst war, lieferte sie uns doch eine Spur, die noch so frisch war, daß wir ihr folgen und schließlich den ersehnten Kontakt aufnehmen konnten.

Während das Aufspüren Allendes zweifellos ein richtiger Schritt auf dem Weg der Nachforschungen zum Philadelphia-Experiment war, zeigte sich nun ein ganz anderes Problem: irgend etwas Konkretes zu diesem Thema aus Allende herauszubringen. Obwohl die Beziehung zu dem Mann, der sich Carlos Allende nennt, eine umfangreiche Korrespondenz, etliche längere Telefongespräche und einige persönliche Besprechungen mit sich brachte, ist es noch immer praktisch unmöglich, allzuviel mit Bestimmtheit über ihn zu sagen.

Allende ist ungefähr 180 cm groß, hat schütteres Haar und eine hagere Gestalt. Seine Kleidung kann man fast als schäbig bezeichnen. Seine Augen zeigen oft einen mißtrauischen Ausdruck, aber gelegentlich kann er auch sanft lächeln. Er hält gern weitschweifige Monologe über vielerlei Themen – außer über das Philadelphia-Experiment. Wenn er aber wirklich über das Philadelphia-Experiment spricht, scheint er oft etwas zurückzuhalten oder einer direkten Antwort auszuweichen. Wenn man ihn dann drängt, wechselt er das Thema. Er pflegt Verabredungen zu treffen, die er nicht einhält, oder er taucht plötzlich unangekündigt auf.

Wer ist eigentlich dieser Allende wirklich? Abgesehen von der Tatsache, daß er nicht weniger als fünf Pseudonyme verwendet, scheint er zumindest mit Sicherheit die Person zu sein, mit der Dr. Jessup korrespondierte. Nicht nur ist sein eigentümlicher Stil der gleiche wie in den Allende-Briefen, sondern er besitzt auch noch eine Postkarte, die ihm Dr. Jessup 1956 schrieb. Alles Weitere über ihn bleibt Mutmaßungen überlassen; und es gibt in der Tat mindestens zwei sehr unterschiedliche Möglichkeiten hinsichtlich seiner wirklichen Identität.

Die erste basiert hauptsächlich auf Auskünften von Carlos Allende selbst und besagt, daß er am 31. 5. 1925 in einem Farmhaus außerhalb einer kleinen pennsylvanischen Stadt (nicht New Kensington) als „Carl Allen" zur Welt kam und das jüngste von drei Kindern eines Iren und einer Zigeunerin war. Über seine Kindheit und Jugend ist nicht viel bekannt, außer daß die Familie auf einer kleinen Farm lebte und der kleine Carlos (oder Carl) „im neunten Lebensjahr" die Schule verließ. Er soll ein launisches und eher rastloses Kind gewesen sein, das sich aber gern in Bücher vertiefte.

Am Dienstag, dem 14. Juli 1942, sechs Wochen nach seinem 17. Geburtstag, verließ er Bauernarbeit und Handlangerjobs und trat in die Marine ein. Nach nur zehn Monaten Dienst wurde er jedoch am 21. Mai 1943, einem Freitag, in Charleston, South Carolina, „wegen Dienstuntauglichkeit laut Gutachten nach ärztlicher Untersuchung" entlassen. Nach einem kurzen Besuch zu Hause ging er dann nach Philadelphia und ließ sich dort am 1. Juli desselben Jahres von der Handelsmarine anheuern. Einige Tage später schickte man ihn auf die Ausbildungsschule für Seeleute auf der Hoffman-Insel im Staat New York.

Seinen ersten Dienst – den, für den wir uns interessieren – leistete er als Mitglied der Deckmannschaft unter Kapitän W. S. Dodge auf dem Liberty-Schiff S. S. *Andrew Furuseth,* das am 16. August 1943 mit dem Ziel Casablanca von Norfolk auslief. Er sollte etwas über fünf Monate auf diesem Schiff verbringen. Ende Januar 1944 verließ er dann die *Furuseth* und heuerte auf der S. S. *Newton D. Baker* an (somit ist das Datum des Philadelphia-Experiments als innerhalb dieses Zeitraumes festgestellt).

Allende diente auf etwa siebenundzwanzig Schiffen im Atlantik und Pazifik, bis er im Oktober 1952 aus Unzufriedenheit über die Gewerkschaft die Marine für immer verließ, um anderswo sein Glück zu versuchen.

Von da ab wissen wir wieder sehr wenig über seinen Lebensweg, abgesehen von seiner Korrespondenz mit Dr. Jessup und seinem späteren „Geständnis" gegenüber der APRO. Anscheinend zog er in echter Zigeunermanier durch die Welt, „auf der Suche nach Jobs und Bildung" – wie er es formulierte. Er fand beides und lernte dabei auch noch einen großen Teil der Welt kennen. Mitte der fünfziger Jahre arbeitete er ziemlich lange an den Bohrtürmen verschiedener Erdölunternehmen im westlichen Texas und im östlichen Mexiko. Er hielt sich tatsächlich zu dem Zeitpunkt in Seminole (Texas) auf, als von dort jenes seltsame, mit Randbemerkungen versehene Buch an Admiral Furth geschickt wurde, und er war auch in der Gegend von Gainesville um die Zeit, als Dr. Jessup den zweiten Allende-Brief von dort erhielt – was eine Beziehung zwischen ihm und diesen beiden Dokumenten praktisch bestätigt.

Als er merkte, daß infolge seiner Kontakte zu Dr. Jessup die Marine und andere sich für ihn zu interessieren begannen, beunruhigte ihn das so sehr, daß er für einige Jahre „in

Deckung" ging, obwohl das seiner Herumtreibernatur gar nicht entsprach. Dabei war er im Los-Altos-Gebiet gelandet, im Süden Zentral-Mexikos (interessanterweise ungefähr die Gegend von Jessups mysteriösen Kratern), wo er sich schließlich heimisch zu fühlen begann. Er war auf seinen Reisen schon früher in diesem Gebiet gewesen und behauptet, daß es die hier ansässigen Zigeuner waren, die Carl Allen „mexikanisierten" und zu Carlos Miguel Allende machten. Zur Zeit der Drucklegung dieses Buches lebt er noch dort.

Was seine Geschichte betrifft, so scheint alles in bester Ordnung, und man könnte geneigt sein, sie ohne weitere Fragen zu glauben – wenn nicht eine Reihe bemerkenswerter Umstände dazwischengekommen wäre, die ein völlig neues Licht auf die Sache werfen.

Vor einigen Jahren stieß einer der Autoren dieses Buchs, William L. Moore, im Verlauf anderweitiger Forschungsarbeiten durch Zufall auf die Tatsache, daß es im westlichen Pennsylvania Anfang bis Mitte der fünfziger Jahre wirklich eine Familie Allende gab, zu einer Zeit also, wo Carlos Allende seine Adresse mit New Kensington, Pennsylvania, angab. Da der Name Allende in Pennsylvania nicht häufig vorkommt, erschien eine Überprüfung dieses seltsamen Zufalls unerläßlich und wurde sofort durchgeführt. Das Resultat war in Anbetracht von Carlos' eigener Geschichte sehr aufschlußreich.

Einige Zeit nach Beendigung des Zweiten Weltkriegs waren zwei Brüder namens Allende von Puerto Rico in die USA gekommen, um Arbeit zu suchen. Wie sich die Geschichte genau abspielte, ist unklar. Auf jeden Fall hörte der ältere der Brüder, Pedro, der sich zeitweise in Clairton (Pennsylvania) niedergelassen hatte, daß eine gewisse, aus seinem Geburtsort stammende Mrs. Blockson in dem Pittsburgher Vorort Sewickley eine zweite Heimat gefunden hatte. In der Hoffnung, sie könne ihm bei der Arbeitssuche behilflich sein, suchte er sie auf und erklärte ihr seine Situation. Mrs. Blockson verlangte zunächst, seine Hände zu sehen, und da er die harten und schwieligen Hände eines an schwere Arbeit gewöhnten

Mannes hatte, war sie gern bereit zu helfen. Bald war alles in Gang gebracht, und Pedro konnte mit seiner Frau und den kleinen Kindern (von denen heute übrigens eines unter dem Namen Allen lebt) ein bescheidenes zweistöckiges Fachwerkhaus in der ländlichen Umgebung von Aleppo Township, Glenfield, Pennsylvania, beziehen. Nach einigen Monaten hatte er genug gespart, um eine kleine Anzahlung für den späteren Kauf des Hauses zu leisten.

Die Serie höchst sonderbarer Übereinstimmungen begann mit dem Erscheinen des zweiten Bruders, Felicito oder Filo Allende. Nach Auskunft von Mrs. Blockson waren beide Brüder ursprünglich aus der Kleinstadt Hato Rey in Puerto Rico gekommen, wo ihr Vater im ersten großen Kraftwerk der Insel an den Wasserfällen des Comerio River beschäftigt war. Filo war um etliche Jahre jünger als Pedro, sprach jedoch, obwohl er „im neunten Lebensjahr" (nach der dritten Klasse) die Schule verlassen hatte, ein viel besseres Englisch, da er während des Zweiten Weltkrieges in der US-Handelsmarine gedient hatte. Anfang der fünfziger Jahre kam er einmal kurz nach Glenfield, um seinen Bruder zu besuchen. Im übrigen wird er als Herumtreiber beschrieben, der es nie lange an einem Ort aushielt. Er sprach sowohl Spanisch als auch Englisch (so wie Carlos Allende), war ein echter Autodidakt und äußerst belesen. Es erübrigt sich wohl, die Ähnlichkeiten zu unterstreichen, die inzwischen ja mehr als deutlich zu erkennen sind. Doch sehen wir weiter.

Mrs. Blockson charakterisiert Filo als einen Menschen, der „normalerweise nicht viel sprach, doch wenn er einmal loslegte, dann konnte er lang und breit über ein scheinbar ganz unbedeutendes Thema reden. Er war ein richtiger Einzelgänger, und er hat nie viel gearbeitet. Gewöhnlich zog er immer wieder einfach los, irgendwo in die Gegend. Meistens machte er sich nicht einmal die Mühe, Bescheid zu sagen, daß er wegging, und dann war er Tage oder Wochen oder Monate verschwunden, ohne die geringste Nachricht. Seine Einstellung zu Gott und den Menschen war eher ablehnend." Und er könnte auch „andere als seinen eigenen Namen“ benutzt haben.

Jedenfalls besuchte Filo weiterhin gelegentlich seinen Bruder, bis dessen Familie Mitte 1954 vom Schicksal heimgesucht wurde. Eigentlich war es nur ein absurder kleiner Unfall: Pedro hatte auf einer Leiter gestanden und Reparaturen an seinem Haus durchgeführt, als er eine Sprosse verfehlte, zu Boden stürzte und sich eine Kopfverletzung zuzog. Obwohl die äußeren Wunden normal heilten, hatte er einen schweren inneren Schaden davongetragen. Er mußte für unbestimmte Zeit die Arbeit aufgeben. Die Familie war immer knapp vor der Verarmung gestanden und bekam nun bald die Folgen der Arbeitslosigkeit zu spüren. Die Situation wurde noch dadurch verschlimmert, daß Filo, dessen Hilfe jetzt dringend gebraucht wurde, wieder einmal auf einer seiner „ausgedehnten Reisen“ war und nichts von dem Unglück wußte. Pedro, der sich eine ordentliche medizinische Betreuung nicht leisten konnte, lebte weiterhin zu Hause. Sein Geisteszustand verschlimmerte sich.

So verging die Zeit, bis einige Monate später, am 19. Mai 1955 um 2.15 Uhr nachts, R. W. Cook, der Abgeordnete von Glenfield, einen dringenden Telefonanruf eines Nachbarn der Allendes erhielt. Der Mann berichtete, daß Pedro Allende seine Frau mit einem Hammer verfolge. Cook verständigte sofort die Bezirkspolizei von Allegheny, und ein Streifenwagen wurde losgeschickt. Noch bevor dieser eintraf, rief der Nachbar wieder bei Cook an und meldete diesmal, daß das Allende-Haus in Flammen stand. Der arme Pedro hatte völlig den Verstand verloren und die Vorhänge in Brand gesteckt.

So verlor die Familie Allende praktisch alles, was sie je besessen hatte. Mrs. Allende wurde mit einem Schock ins Sewickley Valley Hospital eingeliefert. Die vier Kinder, von denen das jüngste gerade erst zwei Jahre alt war, wurden auf Nachbarn und Freunde verteilt, und Pedro kam ins Pennsylvania State Hospital für Geisteskranke in Woodville. Kurze Zeit später verstarb er, angeblich infolge eines weiteren Sturzes, diesmal in einer Badewanne.

Inzwischen war es Mrs. Allende gelungen, ihre Kinder wieder zu sich zu nehmen und mit ihnen eine bescheidene kleine Wohnung in einer anderen Stadt zu beziehen.

Die Geschichte ist jedoch noch nicht zu Ende. Wenige Tage nach der Beerdigung Pedro Allendes erschien der unstete Filo wieder auf der Szene. Er war fast ein Jahr fort gewesen (inzwischen war es Mitte Juni 1955) und hatte keine Ahnung, was während seiner Abwesenheit geschehen war. Bestürzt betrachtete er die rauchgeschwärzte Ruine, die er an der Stelle von Pedros Haus vorfand, und da er von den Nachbarn nicht viel erfahren konnte, ging er zu Mrs. Blockson im nahen Sewickley und bat sie um eine Erklärung. Sie erzählte ihm in allen Einzelheiten von den tragischen Ereignissen. Er blieb nur noch einen oder zwei Tage in dieser Gegend, sichtlich verstört und in sich gekehrt, und verschwand dann einfach spurlos, ohne Ankündigung. Weder Familie noch Freunde hörten jemals wieder von ihm. Nur wenige Monate später erhielt Morris Jessup den ersten jener drei Briefe von einem Mann, der sich Carlos Miguel Allende nannte.

Handelt es sich bei Carlos und Filo um dieselbe Person? Niemand außer Carlos weiß das mit Sicherheit – und der sagt es nicht. Mrs. Blockson, die Filo einigermaßen gut kannte, prüfte das in diesem Buch enthaltene Foto von Carlos Allende, war aber nicht in der Lage, mit Bestimmtheit festzustellen, ob der abgebildete Mann Filo Allende ist oder nicht. Als wir Carlos selbst direkt danach fragten, gab er eine uncharakteristisch kurze Antwort: „Ich bin nicht bereit, diese Frage zum jetzigen Zeitpunkt zu beantworten.“ Infolgedessen haben wir nicht mehr als eine Reihe interessanter Übereinstimmungen von Umständen, Daten und Orten.

Einer der Ermittler ging einmal sogar so weit, allen Ernstes die Möglichkeit anzudeuten, daß Filo Allende in der Handelsmarine einen wirklichen Carl Allen kennenlernte und sich mit ihm anfreundete. Als diesem Allen später etwas zustieß, nahm Filo einfach aus nur ihm selbst bekannten Gründen seine Identität an. Das ist zugegebenermaßen nichts als reine

Spekulation; doch nachdem keine klaren Fakten vorliegen, ist diese Erklärung gerade so gut wie jede andere.

Auf jeden Fall und ganz unabhängig von der wirklichen Identität Allendes ist der Punkt von überragender Bedeutung noch immer die Frage: Was kann er uns über das angebliche Philadelphia-Experiment erzählen, das uns bei der Lösung des Rätsels weiterhelfen würde? Doch zur tiefsten Enttäuschung all jener, die sich schon früher mit Nachforschungen in dieser Sache befaßt und ihre Hoffnungen auf eine Antwort an seine Auffindung geknüpft hatten, weiß er in Wirklichkeit nur wenig mehr als das, was er zu diesem Thema schon in seinen Briefen an Jessup geschrieben hatte.

Die Wahrheit ist leider, daß Allende kein Wissenschaftler war, nicht einmal ein geschulter Beobachter, sondern ein einfacher Seemann, der zufällig zur rechten Zeit am richtigen (oder falschen) Platz war, um ein Schauspiel zu sehen, für das er weder damals noch heute eine Erklärung finden konnte. Hat er ein Schiff verschwinden sehen? Nach seiner eigenen Aussage hat er das. Wie wurde das bewerkstelligt? Er weiß es nicht genau, aber es hatte etwas mit irgendwelchen Kraftfeldern zu tun. „Da war eine Menge statische Elektrizität im Spiel." Konnte er den Namen des Schiffes sagen? Ja, den wußte er: „Es war die DE 173." Sah er es mehr als einmal verschwinden? Nein, das nicht. „Aber es ist öfter verschwunden", fügte er wissend hinzu. Woher hatte er seine Kenntnisse über Einstein, Russell und Admiral Bennett? „Von Freunden in hohen Positionen, deren Namen ich nicht nennen werde." Albert Einstein, behauptet er, sei bei einem Teil der Experimente dabei gewesen. Allende sagt auch, auf einem Ladedock sei vor seinen Augen ein Mann unsichtbar geworden; aber er erinnert sich weder an das Datum noch daran, welches Dock es war.

Es folgt hier ein Teil seines Berichts in seinen eigenen Worten:

Sie wollen also etwas über Einsteins großes Experiment wissen, ja? Wissen Sie was – ich habe tatsächlich meine

Hand bis zum Ellbogen in sein einmaliges Kraftfeld hineingesteckt, als es in Fluß war und immer entgegen der Uhrzeigerrichtung um dieses kleine Versuchsschiff, die DE 173, herumwallte. Ich konnte den . . . Schub dieses Kraftfelds gegen meinen Arm spüren, den ich in seinen summenden, drängenden, forttreibenden Strom hineinhielt.

Ich habe gesehen, wie die Luft um das Schiff . . . ganz leicht, ganz allmählich . . . dunkler wurde als die übrige Luft . . . Nach ein paar Minuten sah ich einen milchigen grünlichen Nebel aufsteigen, wie eine zarte Wolke*. [Ich glaube], das muß ein Atomteilchen-Nebel gewesen sein. Ich habe gesehen, wie danach die DE 173 rasch unsichtbar wurde für das menschliche Auge. Und trotzdem, die genaue Form von Kiel und Rumpfunterseite dieses . . . Schiffes *blieb,* eingeprägt im Meerwasser, und das und mein eigenes Schiff rasten nebeneinander her, Seite an Seite sozusagen, und fast binnenbords. Ja, heute kann ich darüber sprechen, aber anderseits, wen interessiert das schon? . . . Wenn ich versuchen soll, das Geräusch dieses Kraftfelds zu beschreiben, als es um die DE 173 kreiste . . . also, das fing an mit einem summenden Ton, der . . . schnell . . . zu einem surrenden Wispern wurde, und das verstärkte sich zu einem stark brausenden Dröhnen, [wie ein] reißender Strom.

Das Feld hatte eine *Hülle* von reiner Elektrizität um sich. [Dieser] . . . Fluß war so stark, daß er mich beinahe aus dem Gleichgewicht brachte. Wenn mein ganzer Körper im Innern dieses Felds gewesen wäre, hätte mich sein Fluß mit absoluter Sicherheit flach auf den Boden geworfen . . . auf das Deck meines eigenen Schiffs. Zum Glück war *nicht* mein ganzer Körper innerhalb dieses Kraftfelds, als es sein Maximum an Stärke und Dichte – ich wiederhole, Dichte – erreichte, und so hat es mich nicht umgeworfen, aber

* Diese Darstellung hat große Ähnlichkeit mit den Berichten von Überlebenden und Beobachtern über Fälle von Verschwinden im Bermuda-Dreieck, wo die Aberration ein natürliches (oder unnatürliches) Phänomen in größerem Maßstab sein könnte.

mein Arm [sic] wurde von dem Feldfluß zurückgestoßen.

Warum ich mich nicht elektrisiert habe, als meine bloße Hand diese ... Hülle aus Elektrizität berührte, die den Feldfluß umgab? Muß wohl daran gelegen haben, daß ich ... hüfthohe Seemanns-Gummistiefel und einen Südwester trug.

... Die ONR-Wissenschaftler wissen bis auf den heutigen Tag nicht, was damals passiert ist. Sie sagen, das Feld wurde „umgedreht". Später wurde mir klar, daß an dem Tag damals Geschichte der Wissenschaft gemacht wurde.

Was den Rest angeht, so ist er nicht von seiner Story über die Zeitungsartikel abzubringen, die er gesehen hat, wie er sagt, als er auf Landurlaub in Philadelphia war. Allerdings gibt er zu, daß er seine Erzählung über die Wirkungen des Experiments auf die Matrosen etwas ausgeschmückt hat – eine Erzählung, die er aus dem, was in Seemannskreisen gemunkelt wurde, zusammengefügt hatte. Wie er sagt, tat er das aus Furcht davor, Jessup könne möglicherweise bei der Regierung erreichen, daß sie die Forschungsarbeit auf dem Gebiet der Einheitlichen Feldtheorie beschleunigte, und er wollte ihn einfach abschrecken. Nach allem, was er gehört und gesehen hatte, war er voller Angst, daß die Resultate einer solchen Forschung in die falschen Hände geraten und der Gesellschaft, wie wir sie kennen, ein Ende bereiten könnten.

Dennoch läuft dies alles auf die einfache Tatsache hinaus, daß Carlos zwar die Kontroverse ausgelöst hatte, die nun seit über zwei Jahrzehnten über dieses sogenannte Philadelphia-Experiment* im Gang war, er aber allem Anschein nach nicht

* Der Deckname der Marine für das angebliche Philadelphia-Experiment ist derzeit nicht bekannt, was natürlich eine gute Methode ist, die betreffenden Akten für Nachforschungen unzugänglich zu machen. Der Name hatte jedoch in früheren Jahrhunderten schon einmal Berühmtheit erlangt: Ben Franklins Experiment mit einem Drachen und einem Messingschlüssel während eines Gewitters, aus dem sich Folgerungen über Kraft und Nutzbarmachung der Elektrizität ergaben, wurde von zeitgenössischen Wissenschaftlern und Literaten in Europa und in den amerikanischen Kolonien als *Das Philadelphia Experiment* bezeichnet.

über die zur Lösung des Rätsels notwendigen wesentlichen Informationen verfügte. Fand es also wirklich statt? Allende behauptet es nach wie vor, aber selbst er kann es nicht beweisen.

Die Möglichkeit, daß Allende selbst der seltsame kleine Mann gewesen sein könnte, der 1970 im Park von Colorado Springs den beiden Piloten Davis und Huse seine Geschichte erzählt hatte, scheint jeder Grundlage zu entbehren. Beide Männer hatten während ihrer Befragung ausgesagt, daß sie mit Sicherheit jenen Mann wiedererkennen würden, sollten sie ihn jemals wieder zu Gesicht bekommen, doch keiner von ihnen konnte das Foto Allendes als das jenes Mannes identifizieren. Wenn dieser Mann also nicht Allende war, wird die Frage, *wer* er dann gewesen sein könnte, noch interessanter und eröffnete vielleicht ganz andere Aspekte.

# 6

# Nachforschungen können tödlich sein

Wenn die erste Schockwirkung der Allende-Briefe nachläßt und man sich die Zeit zu genauerer und objektiver Auswertung nimmt, treten eine Menge kurioser Dinge über ihren Inhalt zutage. Das Bemerkenswerteste ist vielleicht der Umstand, daß Allende sich so außerordentlich bemüht, eine Anzahl von Leuten namhaft zu machen, von denen er sagt, daß sie seine Geschichte bestätigen können. Alles in allem sind neun solcher Personen erwähnt, von denen eine allerdings nicht namentlich genannt, sondern nur beschrieben wird. Die namentlich Genannten sind:

1. Dr. Albert Einstein
2. „Dr. B. Russell"
3. „Mein Freund Dr. Franklin Reno"
4. „Erster Offizier Mowsely" der S. S. *Furuseth*
5. Richard „Splicey" Price, Mannschaftsmitglied
6. „Connally", ebenfalls Mannschaftsmitglied
7. Konteradmiral Rawson Bennett
8. „der jetzige Marinechef Burke".

Die Namen der beiden Erstgenannten, Dr. Einstein und Dr. B. Russell, sind ja allgemein ein Begriff. Dr. B. Russell kann niemand anders sein als Bertrand Russell, der bedeutende Schriftsteller, Philosoph, Humanist und Pazifist, der im höheren Alter tatsächlich mit Albert Einstein befreundet war, und zwar derart, daß des öfteren vertrauliche Gespräche zwischen ihnen stattfanden – dabei *könnten* sich begreiflicherweise auch Diskussionen über einen möglichen Mißbrauch von Einsteinschen Theorien und daraus resultierende irreparable Bedrohungen der Existenz der Menschheit ergeben haben. Wie allerdings Carlos Allende von solchen Gesprächen erfahren haben könnte, falls diese überhaupt stattfanden, bleibt dahingestellt. Einstein selbst und seine Einheitliche Feldtheorie sind Gegenstand eines eigenen Kapitels in diesem Buch.

Den dritten Mann auf der Liste zu identifizieren war nicht ganz so einfach. Es bedurfte eines erheblichen Aufwandes an Nachforschungsarbeiten, bevor zuverlässig festgestellt werden konnte, daß Carlos Allende in der Tat mit einem sehr realen Dr. Franklin Reno bekannt war. Das Rätsel wird allerdings nicht gerade kleiner durch die Entdeckung, daß dieser Name in Wirklichkeit ein Pseudonym ist. Die Geschichte dieser wichtigen Entdeckung und der anschließend aufgedeckten Informationen ist, mild ausgedrückt, nicht sehr kurz, und um ihr Gerechtigkeit widerfahren zu lassen, müssen wir auch ihr ein eigenes Kapitel widmen.

Leider waren wir bezüglich der nächsten drei Namen nicht ganz so erfolgreich. Alle drei waren laut Carlos Allende Seeleute an Bord der *Furuseth* und Augenzeugen des Philadelphia-Experiments. Obwohl der Erste Offizier der *Furuseth* tatsächlich ein gewisser Arthur *Maudsley* war, stießen wir bei unseren Bemühungen, von ihm Auskunft über seine Dienstzeit an Bord dieses Schiffes zu bekommen, auf eine Wand des Schweigens – ein Schweigen, das man als recht aufschlußreich auslegen könnte.

Noch weniger können wir über Richard „Splicey“ Price aus Roanoke, Virginia, und „Connally“ aus New England sagen. Eine kurze Ermittlung ergab, daß Price 1973 verstorben ist. Was Connally angeht (dessen Vorname entweder Frank oder Peter lautet), so ist es wohl überflüssig zu erwähnen, daß es in New England dutzendweise Leute dieses Namens gibt – falls derjenige, den wir suchen, überhaupt noch dort lebt.

Da die Mannschaftslisten der *Furuseth* nicht mehr existieren, ist es schwierig, irgend etwas Definitives über Besatzungsmitglieder herauszufinden, die zur Zeit Allendes auf dem Schiff gedient haben könnten. Hartnäckige Nachforschungen haben die Namen von drei weiteren möglichen Besatzungsmitgliedern erbracht – von denen wir bisher keinen einzigen ausfindig machen konnten. Es sind dies Hermann C. Schultz, offenbar der Hochbootsmann des Schiffes; William Reilly (oder Ripley?) und Lewis Vincent. Sie stammten alle aus dem Gebiet New York – New England. Reilly könnte Berufsmusiker gewesen sein, Vincent war Fischer in New England, und Schultz war ein langgedienter Matrose der Handelsmarine.

In bezug auf Admiral Rawson Bennett, den Allende in seinem Brief als „Marine-Forschungs-Chef" (sic) bezeichnet und mit dem Verbindung aufzunehmen er Jessup „zwecks Bestätigung der hierin gegebenen Information" rät, tritt bei näherer Untersuchung ein äußerst eigenartiger Umstand zutage. Wir fragen uns, wie Allende zu dieser Information kommen konnte. Das Seltsame ist nämlich, daß Bennett zwar zu dem Zeitpunkt, als Jessup Allendes zweiten Brief erhielt (13. Januar 1956), tatsächlich Leiter des Office of Naval Research war. Doch er hatte diesen Posten erst seit dem 1. Januar 1956 inne, als er Admiral Frederick R. Furth ablöste. (Dies ist derselbe „Admiral N. Furth", dem Allende einige Monate zuvor das mit Randbemerkungen versehene Jessup-Buch geschickt hatte.) Da Allende den Brief wesentlich früher aufgegeben haben mußte, damit er Jessup auf dem Umweg über seinen Verleger am 13. Januar erreichen konnte, ergibt sich die Frage: Wie konnte Allende wissen, daß Bennett nun anstelle von Furth Chef des ONR war? Daß dieser Brief den Poststempel von Gainesville in Texas trug, macht die Sache noch erstaunlicher. Die Berufung von Bennett war ein Ereignis, über das *The Washington Post* oder *The New York Times* nicht einmal an einem Tag berichtet hätten, an dem sonst nichts passiert war, geschweige denn gehörte sie zu den Nachrichten, um die sich eine texanische Zeitung kümmern würde. Solche Postenwechsel gehören in Washingtoner Militärkreisen praktisch zum Alltag und sind nicht einmal für die örtliche Presse von Bedeutung, um wieviel weniger also doch dann in einer Gegend, die einen halben Kontinent entfernt ist.

Wenn Allendes Informationsquelle jemand an der Spitze war, dann ist ihm aber bezüglich des letzten Namens auf der Liste ein böser Schnitzer unterlaufen. Seine Identifikation des „jetzigen Chefs der Marine Burke“, der zur Zeit des angeblichen Philadelphia-Experiments Leiter des ONR gewesen sein sollte, war falsch. Obwohl es tatsächlich einen Admiral Arleigh A. Burke gab, hatte der weder im Zweiten Weltkrieg noch danach auch nur das geringste mit Marineforschung zu tun. Burke befehligte 1943, also zur Zeit des angeblichen Philadelphia-Experiments, ein Zerstörergeschwader im Pazifik und scheint seine ganze Marinekarriere als Flottenoffizier verbracht zu haben.

Allendes Fehler mag jedoch verständlich erscheinen, denn in der Beschreibung „Burkes“, die er in seinem dritten Brief an Jessup gab, charakterisiert er ihn als einen Mann von „Neugier und Bereitschaft und Drängen“, dessen „Einstellung gegenüber fortschrittlicher Forschung“ es zuzuschreiben war, daß er den Admiralsrang erlangte. Eigenartigerweise war der Mann, auf den eine solche Beschreibung zutraf, nicht Admiral *Burke,* sondern Admiral Harold G. Bowen – der nicht nur zur Zeit des Philadelphia-Experiments Leiter des ONR war, sondern auch die treibende Kraft hinter einer Unzahl streng geheimer „ultra-fortschrittlicher“ Projekte des Zweiten Weltkriegs. Eine gewisse Ähnlichkeit der Namen könnte also an Allendes Verwirrung in der Sache schuld sein, doch das erklärt noch lange nicht, wieso seine Information in der einen Beziehung (hinsichtlich Admiral Bennett) so genau stimmte und in der anderen so falsch lag – es sei denn, er hielt es für notwendig, den Namen der betreffenden Person zu verschleiern.

Keine Nachforschung in einer Sache wie dieser wäre vollständig ohne eine zumindest kurze Prüfung der Veröffentlichungen anderer Ermittler zu diesem Thema. Wie zu Beginn dieser Arbeit festgestellt wurde, war der Fall „Philadelphia-Experiment“, obwohl er in den vergangenen zwei Jahrzehnten von Forschungsunternehmungen auf dem Gebiet des Unbekannten nur peripher behandelt worden war, nicht ganz ohne

Verfechter geblieben. Die Literatur zu diesem Thema ist zugegebenermaßen recht spärlich, doch was es davon gibt, ist durchaus prüfenswert.

Der vielleicht erste Versuch, durch eine Veröffentlichung etwas ans Tageslicht zu bringen, ging von Dr. Reilly H. Crabb aus, einem Bekannten von Dr. Jessup und gegenwärtig Direktor der Borderland Science Research Foundation in Vista, Kalifornien. Die BSRF veröffentlichte unter anderem eine Reihe kleiner, relativ preisgünstiger Abhandlungen über die verschiedensten esoterischen Themen; und obwohl die meisten von ihnen nur einen sehr begrenzten Absatz fanden, sind einige davon hochinteressant. Das Erscheinen einer dieser Schriften mit dem Titel *M. K. Jessup, die Allende-Briefe und die Schwerkraft,* 1962 von Crabb selbst herausgegeben, scheint den Zündfunken für einen großen Teil der nachfolgenden Kontroverse abgegeben zu haben. Gleichzeitig bildete es eine Fundgrube unschätzbaren Ausgangsmaterials für jeden, der die Affäre genauer erforschen wollte. Hier wurden zum ersten Mal auf nichtmilitärischer Basis nicht nur die beiden Allende-Briefe veröffentlicht, sondern auch, in Faksimile, etliche Seiten der Varo-Ausgabe von Jessups Buch *The Case for the UFO* mit jenen Anmerkungen.

Kurz gesagt basieren die Mutmaßungen, die Crabb in dieser Broschüre über das Philadelphia-Experiment darlegt, auf seiner Überzeugung, daß T. Townsend Brown, ein anerkannter Physiker und Anti-Schwerkraft-Forscher, zumindest etwas mit dem Projekt Unsichtbarkeit zu tun gehabt habe, als er Leiter einer Abteilung des Bureau of Ships in der Marine war, und daß (laut Crabb) die ganze Sache in der Tat Browns Idee gewesen sein könnte. Brown *hatte* etwas mit dem Projekt zu tun, doch seine Idee war es nicht gewesen, wie wir später sehen werden.

An zweiter Stelle nach Crabb lag wohl Gray Barker, Forscher in Sachen Fliegende Untertassen und Verleger in Clarksburg, West Virginia. Gestützt auf Informationen Crabbs, denen er eigenes Material hinzufügte, veröffentlichte Barker im Jahr 1963 ein Werk, das bis heute eine der wertvollsten Publikationen zum Thema Allende-Briefe ist: *The Strange Case of Dr. M. K. Jessup* (Saucerian Press, 1963, Clarksburg, West Virginia). Im Gegensatz zu Crabb, der seine Broschüre hauptsächlich als Dienst am Kunden für interessierte BSRF-Mitglieder und deren Anhang veröffentlichte, war Barker so sehr an diesem Rätsel interessiert, daß er versuchte, selbst ein paar Antworten zu finden.

Obwohl Barkers Buch nicht viel an Hinweisen bietet, die zur Lösung des Rätsels beitragen könnten, vermittelt es doch bemerkenswerte Hintergrundinformationen über Jessup selbst, einschließlich einiger Auszüge aus dessen weniger bekannten Aufsätzen und Briefen. Auch wird die Tatsache vermerkt, daß Dr. Jessups Leiche ungeachtet seines Wunsches, seinen Körper wissenschaftlichen Zwecken zur Verfügung zu stellen, nie einer Obduktion unterzogen wurde. Die Einäscherung, heißt es, fand am 30. Januar 1962 statt.

Der einzige andere interessante Punkt in Barkers Buch ist der Abdruck eines ziemlich sonderbaren Briefes, den Barker von einem anonymen Schreiber bekommen haben will, der ihm nur als „Colonel B" bekannt sei. Während darauf hingewiesen wird, daß „Colonel" nicht unbedingt einen militärischen Grad bedeuten muß, bringt dieser „Colonel" doch einige interessante Punkte zur Sprache. Folgendes ist ein Auszug aus seinem Brief:

> ... Es wäre wirklich bedauerlich, wenn Sie aus Dr. Jessups Selbstmord ein allzugroßes Rätsel machen würden.
>
> Als ich Jessup 1958 kennenlernte, schien er ganz mit dem Gedanken beschäftigt, Beweise für die Authentizität gewisser Behauptungen hinsichtlich übersinnlicher Phänomene zu finden ...
>
> Er sprach mit großem Nachdruck von einer vervielfältigten Ausgabe seines Buches, das angeblich bei militärischen Dienststellen zirkulierte. Auch erzählte er mir von gewissen Briefen, die er erhielt und die Informationen über ein vom

Militär durchgeführtes Geheimexperiment unter Anwendung der Einheitlichen Feldtheorie enthalten sollten.

Meiner persönlichen Meinung nach hat Jessup dem zuviel Bedeutung beigemessen, was allerdings verständlich wäre, wenn man es im Lichte der von Regierungsseite zur Schau getragenen Empfindlichkeit bezüglich der UFO-Untersuchungen betrachtet. Meine fachmännische Vermutung ist, daß die Angaben über geheime Experimente in [diesen] Briefen eine Art Schelmenstreich waren. Doch da diese Behauptungen irgendwie den Umständen eines *tatsächlichen* Experiments (mit einer viel weniger dramatischen Natur) *nahekamen* (unterstreichen Sie das), hatte man vielleicht annehmen können, daß es irgendwo eine undichte Stelle in der Geheimhaltung gab, und das könnte höchstwahrscheinlich der Grund für das große Interesse seitens des Militärs sein.

Obwohl ich eine fachmännische Vermutung hinsichtlich der Natur des wirklichen Experiments abgeben könnte, fühle ich mich selbstverständlich dazu nicht berechtigt . . .

Wer auch immer dieser mysteriöse Informant war, er kam der Wahrheit dieser Angelegenheit näher als beinahe jeder andere – wie wir noch sehen werden.

Daß das Interesse für das Rätsel um Jessup und die Allende-Briefe im Lauf der Jahre wachgehalten wurde, ist hauptsächlich den Anstrengungen Gray Barkers und seiner kleinen, aber zähen Saucerian Press zu verdanken – obwohl seine Bücher nur eine kleine Auflage erreichen. Seinen vielleicht größten Beitrag leistete er im Sommer 1973, als er, wie bereits erwähnt, ein fast einwandfrei erhaltenes Exemplar der mit Anmerkungen versehenen Varo-Ausgabe von *The Case for the UFO* auftreiben konnte und 500 Faksimile-Kopien davon herausbrachte. Nachdem siebzehn Jahre lang über die Existenz dieses Dokuments nur Gerüchte und Klatsch im Umlauf gewesen waren, hatte Gray Barker es geschafft, die Sache endlich ans Licht der Öffentlichkeit zu bringen.

Der erste Versuch, eine Verbindung zwischen dem Philadelphia-Experiment laut Allendes Bericht (und anderen Kraftfeld-Phänomenen ganz allgemein) einerseits und den unheimlichen und unerklärlichen Geschehnissen in dem heute unter dem Namen Bermuda-Dreieck bekannten Gebiet anderseits herzustellen, wurde 1964 mit dem Buch *Invisible Horizons* von Vincent Gaddis unternommen. Im großen und ganzen ist dieses Buch eine auf ausgezeichneter Forschungsarbeit beruhende, detaillierte Studie über einige der sonderbaren Fälle von Verschwinden und andere ungeklärte Vorfälle, die sich in den letzten Jahrhunderten auf See zugetragen haben, und man kann es jedem an diesem Thema interessierten Leser empfehlen. Wir allerdings interessieren uns vor allem für das letzte Kapitel dieses Buches. Denn in diesem Kapitel (mit dem Titel „Gibt es eine Antwort?“) deutet Gaddis die Möglichkeit an, daß die furchterweckenden Resultate des Philadelphia-Experiments Hinweise darauf bieten könnten, was hinter einigen jener anderen – zwar dokumentarisch besser belegten, doch genauso verblüffenden – Fällen steht, in denen Schiffe und Mannschaften vom Meer verschwanden.

In diesem Kapitel nennt Gaddis auch einige bis dahin unveröffentlichte Anhaltspunkte, die wahrscheinlich die Früchte seiner eigenen Ermittlungsarbeit in dieser Sache darstellen. Einer davon war der folgende (Seite 219): „Hatte Jessup jemals weiteren Kontakt mit Allende? Wir wissen es nicht. Von irgendeiner Quelle jedoch konnte er sich offenbar zusätzliche Informationen beschaffen. Freunden erzählte er von einem Mann, der bei der Marine erschien und erklärte: ‚Was Sie brauchen, ist Tarnung, meine Herren. Geben Sie mir ein Schiff, und ich zeige Ihnen perfekte Tarnung.‘ Als dieser Mann an Bord ging, trug er einen schwarzen Kasten.“

Offenbar aufgrund eines Interviews mit Gray Barker berichtet Gaddis auch von „einem engen Freund Jessups, der im Besitz von Dokumenten sein soll, ‚die das Rätsel lösen könnten‘“, und daß dieser Freund einmal erfolglos versucht habe, Allende zu finden.

Gaddis' Buch, das übrigens mehr Fragen aufwarf als beantwortete, war bei weitem nicht das letzte zu diesem Thema. Im Jahr 1967 wurde die Kontroverse durch einen neuen sensationellen Schriftsteller wieder aufgeheizt, der sich Brad Steiger nannte und über unerklärliche Dinge schrieb. Eigentlich hatte Steiger (richtiger Name: Olson) letzten Endes der Sache überhaupt nichts Neues hinzuzufügen. Sein Interesse war vielmehr geweckt worden, als er im Zuge seiner Untersuchungen seltsamer Phänomene zufällig auf jemanden getroffen war, der einen Mikrofilm der angemerkten Varo-Ausgabe von Jessups Buch besaß. Die Lektüre verblüffte ihn einigermaßen, und ihm wurde klar, daß er da auf eine potentiell „heiße Sache" gestoßen war. Also verarbeitete er die Geschichte zu einem recht sensationellen Bericht, der im November 1967 zusammen mit Reproduktionen einiger Seiten der Varo-Ausgabe im *Saga-Magazin* veröffentlicht wurde.

Der Zufall wollte es, daß Carlos Allende diesen Bericht las, was ihn in beträchtliche Unruhe versetzte. Er ging dem Artikel nach und konnte dabei in Erfahrung bringen, daß Steiger im Begriff war, zusammen mit der Okkultistin und Forscherin Joan W. O'Connell ein UFO-orientiertes Buch zu veröffentlichen, in dem Steigers Version jener Geschichte ein Kapitel bilden sollte. Allende fürchtete, daß dieses Buch die Marine wieder auf seine Spur setzen könnte. Da er keine Publicity wollte, verbot er in mehreren zornigen Briefen an Steigers Verleger die Veröffentlichung. Vergeblich. Das Buch tauchte nicht nur in den Buchläden auf, sondern der Verleger hatte doch tatsächlich dem Titel Allendes Namen hinzugefügt! Das neue Buch erschien 1968 unter dem Titel *The Allende Letters, New UFO-Breakthrough.* Allende, der zu dieser Zeit schon untergetaucht war, kochte in machtloser Wut.

Etwas früher, im Jahr 1967, hatte Dr. Jessups Freund Ivan Sanderson ein Buch mit dem Titel *Uninvited Visitors* herausgebracht, in dem *er* die Affäre beschreibt (obwohl auch hier wieder nichts Neues hinzugefügt wurde, höchstens vielleicht seine Meinung, wonach er nach vielen Jahren gerade solcher

Forschung fühlte, daß diese Sache eine gründliche Untersuchung mehr verdiente als jede andere, die ihm bis dahin untergekommen war.)

Damals regte sich Allende (obwohl ansonsten ein Bewunderer von Sanderson) über die ungewollte Publicity auf und war wütend, daß andere aus seiner Geschichte Profit zogen, während er selbst nahezu mittellos dastand. Also sann er auf Rache: Er würde einfach „zugeben", daß alles nur Seemannsgarn gewesen war. Das würde nicht nur seine Gegner in Verlegenheit und Mißkredit bringen, sondern sich auch negativ auf den Verkaufserfolg ihrer Bücher auswirken.

Mit diesem Entschluß betrat Carlos Miguel Allende im Juni 1969 die Hauptverwaltung der Aerial Phenomena Research Organization (APRO, die älteste und einflußreichste UFO-Forschungs-Organisation) in Tucson, Arizona – und „legte ein volles Geständnis ab".

Sowohl seine Briefe an Dr. Jessup als auch die Randbemerkungen in der Varo-Ausgabe wären reiner Schwindel, sagte er, speziell hergestellt zu dem Zweck, „Dr. Jessup einen fürchterlichen Schrecken einzujagen". Interessanterweise war Allende vorher – ohne Wissen der APRO-Leute – bei Varo selbst gewesen und hatte versucht, dem seinerzeitigen Präsidenten Austin Stanton ein Exemplar „seines Buches", wie er sagte (also die Varo-Ausgabe von Jessups Buch mit den sonderbaren Anmerkungen) abzupressen, außerdem forderte er einen kleinen Geldbetrag, „damit man ihn loswerde". Derart ausgerüstet kam er dann in Tucson an, und es war dieses Exemplar der angemerkten Varo-Ausgabe von *The Case for the UFO,* das er Jim Lorenzen von der APRO vorlegte, nachdem er oben auf der zweiten Seite des Anhangs folgendes „Geständnis" hinzugefügt hatte:

„Alle mit brauner Tinte unterstrichenen Wörter und Sätze auf den folgenden Seiten sind falsch. Auf dem unteren Teil dieser Seite und auf dem oberen der nächsten stehen die verrücktesten Lügen, die ich jemals schrieb. Zu welchem Zweck ich das tat? Um das ONR zur Forschung zu *ermutigen* und um Professor (sic) Morris K. Jessup zu *entmutigen,* seine Untersuchungen so weit zu treiben, daß sie möglicherweise zu wirklicher Forschung geführt hätten. *Damals* hatte ich Angst vor Unsichtbarkeits- und Kraftfeldforschung, *jetzt* nicht mehr."

Trotz aller Prahlerei versäumte es Allende offenbar absichtlich, in seiner Beichte auch das Philadelphia-Experiment selbst als Schwindel zu bezeichnen, denn sowohl die Plazierung des „Geständnisses" innerhalb der Varo-Ausgabe als auch die Formulierung waren sorgsam gewählt, so daß jener Teil seines Briefes an Jessup, in dem er schreibt, daß eine solche Sache *wirklich geschah,* ausgeschlossen wurde. Lorenzen selber (der sich über eine Stunde lang, um unbelauscht zu sein, in einem geparkten Wagen mit Allende unterhalten hatte) sagte dazu, „Allende glaubt noch immer . . . daß ein amerikanisches Schiff . . . von seinem Dock in Philadelphia verschwand und Sekunden später in der Gegend von Norfolk-Portsmouth erschien, dann wieder verschwand, um an seinem ursprünglichen Liegeplatz wieder zu erscheinen". Dann hatte Allende darauf hingewiesen, daß „die Wahrheit des Geschehens durch die Matrosen bestätigt werden könne, die seinerzeit auf dem Schiff stationiert waren und von denen er einige persönlich kannte, weil er mit ihnen gedient hatte". Der einzige Teil der Briefe, der von dem „Geständnis" betroffen wurde, war die eine Seite und ein Teil der folgenden, wo von den Nachwirkungen des Experiments auf die Mannschaft die Rede war.

Nachdem er seinen Plan also in die Tat umgesetzt und seine Rache geübt hatte (so glaubte er zumindest), zog sich Allende aus der Öffentlichkeit zurück.

Später stellte er sein Geständnis wieder völlig in Abrede, aber für den Moment erfüllte seine List ihren Zweck. Als Paris Flammonde, der Produzent der New Yorker „Long John Nebel Show", im Jahr 1971 auf die Umstände von Jessups Tod zu sprechen kam, wurde dabei nichts, was mit der Allende-Affäre irgendwie zu tun hatte, auch nur andeutungsweise erwähnt. Mit Ausnahme eines anderen Buches von Steiger,

*Mysteries of Time and Space* (Dell, New York, 1974), sprachen in der Tat alle anderen Autoren, die das Thema überhaupt streiften, nur geringschätzig davon (siehe z. B. F. H. Salisbury, *The Utah UFO-Display;* und Vincent Sladek, *The New Apocryphs*). Dieser Trend dauerte bis Mitte 1975, als das Welterfolgsbuch *Das Bermuda-Dreieck* erschien und dadurch der ganze Fragenkomplex wieder aufgerollt wurde.

Dieser neue Bericht behandelte die Jessup-Allende-Affäre unter einem völlig neuen Blickwinkel. Und er brachte den einen wesentlichen Beitrag, mit dem bis dahin noch niemand hatte aufwarten können: einen Zeugen!

Dr. J. Manson Valentine, Ozeanograph, Zoologe und Archäologe, der seit 1945 intensiv die Vorgänge im Bermuda-Dreieck studiert hatte, war ein enger Freund von Dr. Jessup gewesen, als dieser in Florida lebte.

Jessup, der zunehmend unter Depressionen litt und einen Zuhörer brauchte, hatte während der Monate vor seinem tragischen Ende viel Zeit in Dr. Valentines Gesellschaft verbracht. Im Lauf ihrer Gespräche vertraute er ihm viel von seinen persönlichsten Gedanken und Gefühlen zum Thema Philadelphia-Experiment an. Wahrscheinlich war Valentine sogar der letzte Mensch, mit dem Jessup vor seinem Tod sprach. Am Vormittag des 20. April 1959 hatte Dr. Valentine sich mit seinem Freund unterhalten und Jessup im Verlauf des Gesprächs zum Abendessen in sein Haus eingeladen. Jessup nahm an, erschien aber nicht.

„Warum", wurde er gefragt, „hat Jessup Selbstmord begangen?" Valentines Antwort war überraschend und schokkierend: „Wenn er Selbstmord beging", sagte er, „dann war wahrscheinlich eine Depression schuld. Die Marine hatte ihm vorgeschlagen, am Philadelphia-Experiment oder an ähnlichen Projekten zu arbeiten, aber er hatte abgelehnt – er machte sich wegen der gefährlichen Nebeneffekte Sorgen . . . Vielleicht hätte er gerettet werden können. Er lebte noch, als man ihn fand. *Vielleicht ließ man ihn sterben.*"

Valentine berichtete weiter, daß Jessup das Philadelphia-

Experiment „gründlich“ erforscht hatte. „Sie dürfen nicht vergessen“, betonte er, „daß er nicht irgendein Sensationsschriftsteller war, sondern ein berühmter Wissenschaftler und Astronom.“ Valentine erinnert sich, daß Jessup ihm von einigen höchst eigenartigen Dingen erzählte, die er im Zusammenhang mit diesem unglaublichen Projekt erfahren hatte. Das Experiment war, so sagte er, unter Verwendung von marineeigenen magnetischen Generatoren durchgeführt worden, sogenannten Entmagnetisierern, die mit resonanten Frequenzen pulsierten und so ein ungeheures Magnetfeld um ein vor Dock liegendes Schiff erzeugten.

Dr. Valentine ist der Meinung, daß Jessup über die Wirklichkeit des Philadelphia-Experiments recht gut informiert war und über dieses Thema mehrere Besprechungen mit Marineoffizieren und -wissenschaftlern hatte. Einmal bemerkte Jessup zu Valentine: „Das Experiment ist zwar sehr interessant, aber furchtbar gefährlich. Es wirkt sich zu stark auf die beteiligten Leute aus. Die Verwendung von magnetischer Resonanz bedeutet soviel wie ein zeitweiliges Herauslösen aus unserer Dimension, tendiert aber dazu, außer Kontrolle zu geraten. Es ist praktisch das gleiche wie die Überführung von Materie auf eine andere Ebene oder in eine andere Dimension und könnte einen dimensionalen Durchbruch bedeuten – wenn es nur möglich wäre, es unter Kontrolle zu bringen.“

Es ist hochinteressant festzustellen, daß Valentines Bericht, der ja auf direkten Informationen von Jessup beruhte, fast völlig mit jenem Allendes übereinstimmte, wonach die Resultate des Experiments verblüffend waren, die Mannschaft aber unter schweren Nachwirkungen zu leiden hatte. „Als das Experiment die erste Wirkung zeigte“, fuhr Valentine fort, „zeigte sich zunächst ein undurchsichtiges, nebeliges grünes Licht. Übrigens sprachen auch die Überlebenden der Unfälle im Bermuda-Dreieck von einem leuchtenden grünen Nebel. Bald war das ganze Schiff von diesem grünen Nebel erfüllt, und es begann samt der Besatzung aus der Sicht der Leute auf dem Dock zu verschwinden, bis nur noch seine Wasserlinie zu sehen war.“ Laut Valentines Aussage hatte Jessup kurz vor seinem Tod das Gefühl gehabt, daß er im Begriff war, die wissenschaftliche Grundlage dieses Geschehens zu entdecken. Die Erklärung sei, wie er glaubte, in Einsteins Einheitlicher Feldtheorie zu finden.

Daraufhin war er nach einer einfachen Erklärung dieser Theorie gefragt worden, und Valentines Antwort hätte sogar Einstein selbst zufriedengestellt. „Sie betrifft in der Praxis elektrische und magnetische Felder“, sagte er, „und zwar folgendermaßen: Durch ein in einer Spule erzeugtes elektrisches Feld wird ein magnetisches Feld verursacht; die beiden Felder befinden sich im rechten Winkel zueinander, und jedes stellt eine Raumebene dar. Da ein Raum aber von drei Ebenen gebildet wird, muß es noch ein drittes Feld geben, das vermutlich ein Schwerkraftfeld ist. Indem man nun elektromagnetische Generatoren so hintereinanderschaltet, daß sie ein magnetisches Pulsieren erzeugen, könnte man möglicherweise durch das Resonanzprinzip dieses dritte Feld herstellen. Jessup nahm an, daß die Marine versehentlich darauf gestoßen war.“

Obwohl dieses Thema nur in einem kurzen Abschnitt des *Bermuda-Dreiecks* behandelt wird, schlug die Veröffentlichung von Dr. Valentines Geschichte wie eine Bombe ein, deren Wirkung noch andauert. Hat das Experiment also wirklich stattgefunden? Nach Valentines Bericht über das, was ihm Dr. Jessup erzählte, ist das Beweismaterial äußerst vielversprechend. Der Druck der öffentlichen Meinung und ihr Wunsch nach näheren Informationen über diese Affäre hat die US-Marine jedenfalls veranlaßt, einen Standardbrief aufzusetzen (Original siehe Seite 99, Übersetzung Seite 211f.) und routinemäßig an jeden zu senden, der bei ihnen anfragt. Schätzungen zufolge wurden nicht weniger als zwei Millionen Dollar aufgewendet, um das durch die Funken dieser Legende entfachte Feuer zu löschen.

Das Problem, das der US-Marine durch die steigende Flut von Anfragen entstand, faßte ein Offizier kurz und bündig mit der Feststellung zusammen, er wünsche, Allende sei unsichtbar.

Versammlung des Projekt-Orbiter-Komitees – jener Gruppe, die an Dr. Jessup herantrat – am 17. März 1955 in Washington, D.C. Von links nach rechts, sitzend: Cdr. George W. Hoover, Office of Naval Research; Frederick C. Durant, III, Arthur D. Little, Inc.; James B. Kendrick, Aerophysics Development Corp., William A. Giardini, Alabama Tool and Die; Philippe W. Newton, Dept. of Defense; Rudolf H. Schlidt, Army Ballistic Missile Agency; Gerhard Heller, ABMA; Wernher von Braun, ABMA. Stehend: Lt. Cdr. William E. Dowdell, USN; Alexander Satin, ONR; Cdr. Robert C. Truax, USN; Liston Tatum, IBM; Austin W. Stanton, Varo, Inc.; Fred L. Whipple, Harvard University; George W. Petri, IBM; Lowell O. Anderson, ONR; Milton W. Rosen, NRL. *(Smithsonian Institution)*

Die Marinewerft von Philadelphia im Zweiten Weltkrieg. Dieses Foto wurde erst am 12. Juli 1977 freigegeben. *(National Archives)*

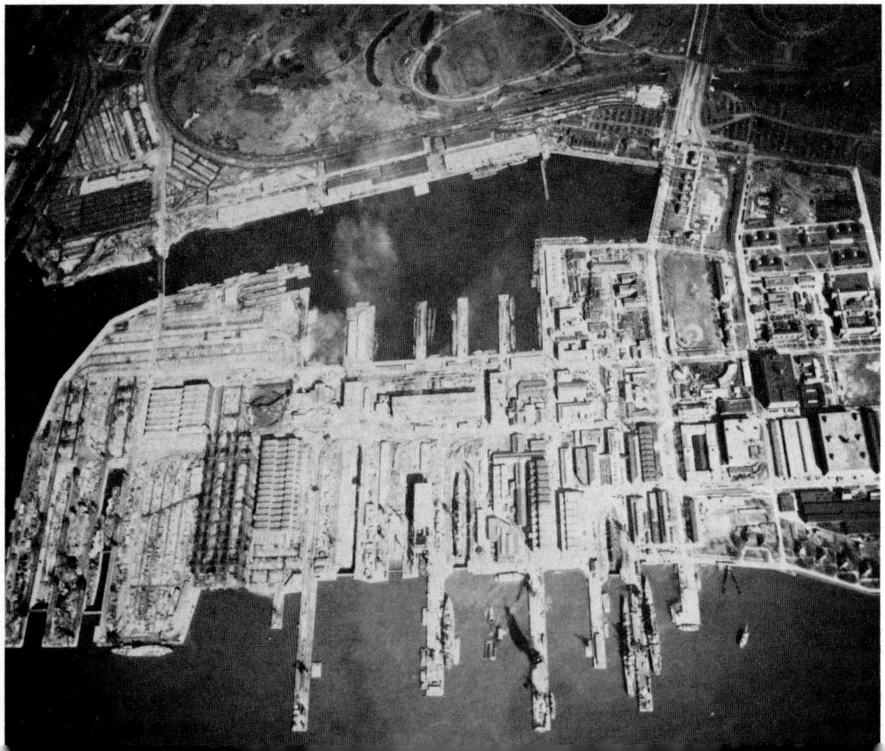

Die Hafenanlagen von Norfolk, wo sich die *Eldridge* nach ihrem Verschwinden aus der Marinewerft von Philadelphia materialisiert haben soll. *(National Archives)*

Carlos Miguel Allende (oder Carl Allen)

DEPARTMENT OF THE NAVY
OFFICE OF INFORMATION
WASHINGTON D.C. 20350

IN REPLY REFER TO
OI-2252A/JVV/dh

23 JUL 1976

Over the years we have received innumerable queries about the so-called "Philadelphia Experiment" or "Project" and the alleged role of the Office of Naval Research (ONR) in it. The frequency of these queries predictably intensifies each time the experiment is mentioned by the popular press, often in a science fiction book.

The genesis of the Philadelphia Experiment myth dates back to 1955 with the publication of The Case for UFO's by the late Dr. Morris K. Jessup, a scientist with a Ph.D. in astrophysics and a varied career background.

Some time after the publication of the book, Dr. Jessup received a letter by a Carlos Miquel Allende, who gave his address as R.D. #1, Box 223, New Kensington, PA. In the letter, Allende commented on Dr. Jessup's book and gave details of an alleged secret naval experiment in Philadelphia in 1943. During the experiment, according to Allende, a ship was rendered invisible and tele-ported to and from Norfolk in a few minutes, with some terrible after-effects for the crew members. Supposedly, this incredible feat was accomplished by applying Einstein's never-completed "unified field" theory. Allende claimed that he had witnessed the experiment from another ship and that the incident was reported in a Philadelphia newspaper. Neither the identify of Allende, nor that of the newspaper has ever been established.

In 1956 a copy of Jessup's book was mailed anonymously to Admiral Furth, the Chief of Naval Research. The pages of the book were interspersed with hand-written annotations and marginalia apparently made by three different persons as they passed the book back and forth among them. The notations implied a knowledge of UFO's, their means of motion and generally, the culture and ethos of the beings occupying these UFO's.

The book came to the attention of two officers then assigned to ONR who happened to have a personal interest in the subject. It was they who contacted Dr. Jessup and asked him to take a look at his book. By the wording and style of one of the writers of the notations, Dr. Jessup concluded that the writer was the same person who had written him about the Philadelphia Experiment. It was also these two officers who personally had the book retyped and who arranged for the publication, in typewritten form, of 25 copies. The officers and their personal belongings have left ONR many years ago, and we do not have even a file copy of the annotated book.

The Office of Naval Research never conducted an official study of the manuscript. As for the Philadelphia Experiment itself, ONR has never conducted any investigations on invisibility, either in 1943 or at any other time. (ONR was established in 1946.) In view of present scientific knowledge, our scientists do not believe that such an experiment could be possible except in the realm of science fiction. A scientific discovery of such import, if it had in fact occurred, could hardly remain secret for such a long time.

I hope this provides a satisfactory answer to your inquiry.

Sincerely,
Betty W. Shirley
BETTY W. SHIRLEY
Head, Research and Public
Inquiries Section

Standardbrief des Marine-Ministeriums an Personen, die Auskunft über das Philadelphia-Experiment verlangen. Übersetzung auf Seite 211 f.

Form 979

SERIAL NUMBER A103664 — ~~BOOK~~ NUMBER Z 416175

UNITED STATES DEPARTMENT OF COMMERCE
BUREAU OF MARINE INSPECTION AND NAVIGATION

CERTIFICATE OF SERVICE TO ABLE SEAMAN

This is to certify that Carl Meredith Allen 18 years of age, born in Pennsylvania having given satisfactory evidence to the undersigned United States Board of Local Inspectors, Bureau of Marine Inspection and Navigation, for the district of NEW YORK that he has had the experience required by law, to all of which proof is made by affidavit, and having passed the examination as to eyesight, hearing and physical condition, and the examination as to his efficiency, and having proved as a result of said examination that he has been trained in and is acquainted with the duties entitling him to the rating of certification as prescribed by the Department of Commerce, is hereby rated as an able seaman for service on Any Waters

Issued by the undersigned Board of Local Inspectors on this 4th day of March 1944

Raymond A. Shea
(Acting) Officer in Charge, Marine Inspection.
U.S. Board of Local Inspectors
Port of NEW YORK

Carl Meredith Allen
Signature of Seaman

Auf den Tauglichen Seemann Carl Allen ausgestelltes Zertifikat mit der „Z"-Nummer, die er in seinen Briefen an Dr. Jessup nannte.

Albert Einstein bei einer Konferenz mit Marine-Offizieren am 24. Juli 1943 in seiner Wohnung in Princeton, New Jersey. *(National Archives)*

In diesen Schiffsbecken- und Trockendockanlagen in Port Newark, New Jersey, wurde die U.S.S. *Eldridge* (DE 173) gebaut. Dieses Foto wurde von der US-Marine 22 Jahre lang als geheime Verschlußsache gehalten. *(National Archives)*

Dr. John von Neumann

Townsend Brown *(NICAP)*

Die U.S.S. *Eldridge* (DE 173) am 12. September 1943. *(National Archives)*

PROOF PRINT

**MOST SECRET**

Copy No.

**Attention is drawn to the Penalties attaching to any infraction of the Official Secrets Acts**

# INTER-SERVICES CODE-WORD INDEX

**This Index will be kept in a safe when not in use**

Issued under the authority of the Inter-Services Security Board, War Office.

1st *September*, 1941

C.C.S. 368/15.



| Ciphering Numeral. | Code Word. | Block Number. | Ciphering Numeral. | Code Word. | Block Number. |
|---|---|---|---|---|---|
| **7400** | **PUSSYFOOT** | 374 | **7450** | **RACQUET** | 266 |
| 7401 | PUTNEY | 590 | 7451 | RADCLIFFE | 748 |
| 7402 | PUTRID | 287 | 7452 | RADFORD | 854 |
| 7403 | PUTTENHAM | 804 | 7453 | RADIAL | 266 |
| 7404 | PUZZLE | 181 | 7454 | RADIATION | 324 |
| 7405 | PYGMALION | 164 | 7455 | RADIATOR | 491 |
| 7406 | PYRAMID | 170 | 7456 | RADIO | 2 |
| 7407 | PYRITES | 979 | 7457 | RADISHES | 304 |
| 7408 | PYRRHUS | 170 | 7458 | RADIUM | 430 |
| 7409 | PYTHAGORAS | 594 | 7459 | RADNAGE | 722 |
| **7410** | PYTHON | 288 | **7460** | RADNOR | 883 |
| 7411 | QUADRANGLE | 149 | 7461 | RAEBURN | 748 |
| 7412 | QUADRUPED | 548 | 7462 | RAFFIA | 266 |
| 7413 | QUAGGA | 619 | 7463 | RAFFLE | 422 |
| 7414 | QUAGMIRE | 126 | 7464 | RAFTER | 287 |
| 7415 | QUAINTON | 871 | 7465 | RAGAMUFFIN | 126 |
| 7416 | QUARRY | 143 | 7466 | RAGMAN | 181 |
| 7417 | QUARTER | 454 | 7467 | RAGOUT | 432 |
| 7418 | QUARTERMAIN | 388 | 7468 | RAILWAY | 33 |
| 7419 | QUEEN | 17 | 7469 | RAIMENT | 933 |
| **7420** | QUEENBEE | 643 | **7470** | RAINBOW | 334 |
| 7421 | QUENCH | 234 | 7471 | RAINHAM | 827 |
| 7422 | QUICK | 665 | 7472 | RAISIN | 229 |
| 7423 | QUICKFIRE | 104 | 7473 | RAKEOFF | 988 |
| 7424 | QUICKLIME | 548 | 7474 | RAKISH | 544 |
| 7425 | QUICKSAND | 561 | 7475 | RALLY | 188 |
| 7426 | QUINCES | 304 | 7476 | RALPH | 44 |
| 7427 | QUINN | 365 | 7477 | RALSTON | 827 |
| 7428 | QUINTAL | 123 | 7478 | RAMBLER | 431 |
| 7429 | QUINTIN | 266 | 7479 | RAMESES | 600 |
| **7430** | QUIRK | 585 | **7480** | RAMIFICATION | 63 |
| 7431 | QUISLING | 119 | 7481 | RAMMER | 288 |
| 7432 | QUITMAN | 659 | 7482 | RAMONA | 457 |
| 7433 | QUIVER | 129 | 7483 | RAMOSE | 158 |
| 7434 | QUIXOTE | 29 | 7484 | RAMPAGE | 434 |
| 7435 | QUIZZY | 173 | 7485 | RAMPART | 556 |
| 7436 | QUOIT | 393 | 7486 | RAMPION | 22 |
| 7437 | QUORUM | 563 | 7487 | RAMPIRE | 233 |
| 7438 | QUOTATION | 563 | 7488 | RAMROD | 143 |
| 7439 | RABBITS | 323 | 7489 | RAMSDEN | 853 |
| **7440** | RABBLE | 123 | **7490** | RAMSHACKLE | 561 |
| 7441 | RABELAIS | 450 | 7491 | RAMSHORN | 854 |
| 7442 | RABID | 652 | 7492 | RAMSON | 267 |
| 7443 | RACEFIELD | 559 | 7493 | RANCHER | 534 |
| 7444 | RACHEL | 447 | 7494 | RANCID | 141 |
| 7445 | RACING | 308 | 7495 | RANDALSTOWN | 738 |
| 7446 | RACKETEER | 487 | 7496 | RANDOM | 451 |
| 7447 | RACKHAM | 883 | 7497 | RANELAGH | 590 |
| 7448 | RACONTEUR | 266 | 7498 | RANGE | 19 |
| 7449 | RACOON | 266 | 7499 | RANJI | 601 |

Dieses dienstliche Codewortverzeichnis enthält auch das Codewort „Rainbow“ (Regenbogen), welches der Projekt-Deckname für das Philadelphia-Experiment gewesen sein könnte.

In dem offensichtlichen Bemühen, Öl auf die Wogen zu gießen, brachte das *Official UFO-Magazin* in seiner Ausgabe vom April 1976 einen Leitartikel aus der Feder eines gewissen B. R. Strong, der sich als enger Freund des APRO-Beraters und Forschers Kevin D. Randle ausgab. Obwohl die Story recht gut geschrieben ist, stellt sie im Grunde eine Abwertung dar, die sich hauptsächlich auf Allendes „APRO-Geständnis" stützt und außerdem die nicht ganz unparteiische Aussage von Captain Sherby heranzieht, den Randle, laut Strong, bei Varo aufgesucht und interviewt haben soll. Der Artikel bringt nichts Neues, und Allende selbst sagte dazu, daß mehrere der darin enthaltenen Aussagen nichts als „verdammte Lügen" sind. Die Tatsache, daß der im *Bermuda-Dreieck* veröffentlichte Bericht darin überhaupt nicht erwähnt wird, ist nicht von besonderer Bedeutung, da der Aufsatz möglicherweise schon früher geschrieben wurde.

In einem kürzlich erschienenen Werk eines der Autoren dieses Buchs, Charles Berlitz' *Spurlos* (Paul Zsolnay Verlag, 1977) wird auf das Thema noch einmal eingegangen.

> „Mitte April 1959 teilte Jessup Valentine mit, er sei jetzt zu einigen seiner Ansicht nach abschließenden Ergebnissen über die durch das Philadelphia-Experiment aufgezeigten Möglichkeiten gelangt und *habe einen ersten Manuskriptentwurf ausgearbeitet, über den er mit ihm sprechen wollte.* Dr. Valentine lud ihn daraufhin für den 20. April zum Abendessen ein.
>
> Dr. Jessup erschien nie zu diesem Essen. Kurz vor 18.30 Uhr fuhr Jessup, nach Ermittlung der Polizei, in seinem Auto nach Mathesons's Hammock, einem Park in der Umgebung von Miami, und nahm sich anscheinend das Leben. Im Polizeibericht wurden keine schriftlichen Aufzeichnungen oder ein Manuskript erwähnt, und wie ein Zeuge später Dr. Valentine mitteilte, wurde auch nichts Derartiges in Dr. Jessups Wagen gefunden.

In bezug auf das Philadelphia-Experiment selbst heißt es, „eine Reihe ehemaliger sowie aktiver Angehöriger der Marine behauptet, sich an den Versuch zu erinnern, und berichtet sogar weitere Einzelheiten darüber, doch keiner will namentlich zitiert werden“ – eine Situation, für die alle Rechercheure des Rätsels vollstes Verständnis haben, und zwar aus eigener Erfahrung.

Nehmen wir einmal an, daß ein solches Experiment geplant und die Durchführung versucht wurde – könnte es, auch nur teilweise, erfolgreich gewesen sein? Eine Untersuchung der hier zugrunde liegenden wissenschaftlichen Theorie könnte eine mögliche Lösung bieten.

# 7

# Die Verbindung zu Einstein

Wenn wir den bereits zitierten Aussagen von Carlos Allende und Dr. Valentine Glauben schenken, dann sind die Grundlagen des Projekts Philadelphia-Experiment in einer recht undurchschaubaren und hochkomplizierten wissenschaftlichen Theorie zu finden, die zuerst von Albert Einstein aufgestellt wurde und unter der Bezeichnung Einheitliche Feldtheorie ein Begriff ist. In seinem zweiten Brief an Dr. Jessup schreibt Allende, daß Einstein diese Theorie zuerst in den Jahren 1925 bis 1927 veröffentlichte, sie dann aber wegen seiner Besorgnis um die „Humantik", wie sich Allende ausdrückte, „zurückzog". Allende erklärt zwar nicht näher, was er mit diesem seltsamen Ausdruck „Humantik" eigentlich genau meint, was er aber sagen will, dürfte folgendes sein: Einstein konnte sich gewiß Anwendungsmöglichkeiten seiner Theorie vorstellen, von denen er fürchten mußte, daß sie in gefährlichster Weise zum Einsatz gebracht werden konnten. Allende zufolge diskutierte Einstein diese Befürchtungen mit seinem Freund Bertrand Russell, und Russell schloß sich seiner Meinung an.

Da Allende selbst nicht bereit ist, uns seine Informationsquelle zu nennen, stehen wir vor der Alternative, entweder selbst der Wahrheit auf den Grund zu gehen oder seinen Worten Glauben zu schenken. Obwohl die betreffenden Leute berühmt sind, ist es zugegebenermaßen keine leichte Aufgabe, die Richtigkeit einer solchen Aussage nachzuweisen. Trotzdem wurde ein gründlicher Versuch unternommen, der einige hochinteressante Informationen erbrachte, unter anderem die folgenden:

1. Albert Einstein verfaßte tatsächlich in den Jahren 1925 bis 1927 eine Version seiner „Einheitlichen Feldtheorie für Schwerkraft und Elektrizität“. Die Ergebnisse erschienen in deutschen wissenschaftlichen Zeitschriften jener Zeit. Allende hatte auch recht mit der Feststellung, daß diese Arbeit als unvollständig „zurückgezogen“ wurde, obwohl kein offizieller Grund dafür angegeben ist, außer daß Albert Einstein nicht mit der seinerzeitigen Form zufrieden war. Bezeichnenderweise taucht die Theorie erst 1940 wieder auf, also zu einem Zeitpunkt, *nachdem* der im Grund pazifistische Albert Einstein zu der Überzeugung gelangt war, daß die Bedrohung durch den Nationalsozialismus unter allen Umständen bekämpft werden müsse und daß unter den gegebenen Umständen kriegerische Mittel moralisch vertretbar seien. Andere Anhaltspunkte, auf die wir später noch zurückkommen, deuten darauf hin, daß 1940 auch das Jahr war, in dem die US-Marine an jenem Projekt zu arbeiten begann, das dann später im Philadelphia-Experiment gipfelte.

2. Einstein war wirklich mit Bertrand Russell befreundet, besonders in der Zeit nach dem Zweiten Weltkrieg, und diskutierte oft mit ihm über Pazifismus. Beide Männer zeigten nur Abscheu vor dem bedauernswerten Hang des Menschen, die Errungenschaften der Wissenschaft zu selbstzerstörerischen Zwecken zu mißbrauchen, und beide opferten der Sache des Weltfriedens einen wesentlichen Teil an persönlichem Einsatz und privaten finanziellen Mitteln.

Allende schrieb, daß Lord Russell Einsteins Einheitliche Feldtheorie zwar für vollständig hielt, jedoch das Gefühl hatte, „die Menschheit sei noch nicht reif dafür und würde es auch nicht vor Ende eines Dritten Weltkrieges sein“ und daß Einsteins Einschätzung des „Fortschritts des Menschen im Vergleich zum Wachstum seines Charakters ihn empörte“. In Anbetracht der diese beiden Männer und ihre Einstellung zur Humanität und zum Weltfrieden betreffenden Tatsachen sind diese Aussagen hochinteressant. Banesh Hoffman und Helen Dukas (Einsteins Privatsekretärin) berichten in ihrem Buch

*Albert Einstein, Creator and Rebel* (The Viking Press, New York 1972) zum Beispiel folgendes:

> ... Als die Bombe auf Hiroshima fiel, bewahrheiteten sich seine schlimmsten Befürchtungen. Sein Abscheu für die Bombe, ob nun in diktatorischen oder demokratischen Händen, lastete schwer auf seinem Gewissen. Nicht weil er 1939 mit großer Eindringlichkeit an Roosevelt geschrieben hatte, als er befürchtete, daß die Nazis diese Waffe zuerst entwickeln und damit die Welt unter ihre Kontrolle bringen würden. Nicht weil er 1907 in aller Unschuld die Formel $E = mc^2$ vorgelegt hatte. Nicht aus diesen Gründen, sondern weil ... er eine moralische Verpflichtung fühlte, weitestgehend seinen Einfluß zu gebrauchen, um zu versuchen, die Menschheit vor einem Grauen zu bewahren, das sie trotz Hiroshima und Nagasaki noch nicht begriffen hatte.

Es wäre sicher nicht weit gefehlt anzunehmen, daß er bezüglich der noch entsetzlicheren Möglichkeiten seiner Einheitlichen Feldtheorie die gleichen Empfindungen hatte.

Was Lord Russell angeht, so berichtet zumindest einer seiner Biographen (Roland Clark), daß er gleich nach dem Zweiten Weltkrieg einen streng geheimen Bericht des Britischen Geheimdienstes über „neue Waffenentwicklungen" einsehen durfte, dessen Lektüre ihn so tief erschütterte, daß er sich veranlaßt fühlte, ein „Weltfriedensmanifest" zu fordern, von dem er hoffte, daß es von jedem prominenten Denker der Welt unterzeichnet würde. Einstein gab noch kurz vor seinem Tod seine Zusage, ein solches Dokument zu unterschreiben.

Dr. J. Robert Oppenheimer, oft als „Vater" der Atombombe bezeichnet, hatte wie Einstein erhebliche Zweifel hinsichtlich ihrer moralischen Vertretbarkeit. Allerdings ist nicht bekannt, ob er sich jemals veranlaßt gefühlt hat, Forschungsergebnisse, die anscheinend zu weit gingen, zu zerstören. Doch man erinnert sich seiner Gedanken, als er 1945 in

Alamogordo die erste Atombombe explodieren sah. Ein Vers des Nationalepos der Inder, des *Mahabharata,* fiel ihm ein:

Wenn das Strahlen von tausend Sonnen
auf einmal über
den Himmel hereinbrechen würde
Es wäre wie die Herrlichkeit des Mächtigen . . .
Ich habe mich in den Tod verwandelt
Den Zerstörer der Welten.

Die Annahme, daß Einstein vor seinem Tode Papiere vernichtete, ist ebenfalls sehr interessant, wurde aber nie erhärtet und blieb Gerücht. William L. Moore, einer der Autoren, erinnert sich an eine Diskussion im Hörsaal am Tag nach Einsteins Tod im Jahr 1955, in deren Verlauf der Lehrer sagte, daß Einstein einige Monate vor seinem Tod Unterlagen verbrannt hätte, die sich auf einige seiner vorgeschrittenen Theorien bezogen; und zwar weil die Welt für solche Dinge noch nicht reif sei und es ihr ohne diese Theorien besser gehen würde. Wahrscheinlich hatten sie etwas mit seinen Schlußfolgerungen hinsichtlich seiner Einheitlichen Feldtheorie und deren praktischen Anwendungsmöglichkeiten zu tun.

3. Im Jahr 1943, zur Zeit als Allende seinen Angaben zufolge Zeuge einer Manifestation des Philadelphia-Experiments auf See wurde, war Albert Einstein als wissenschaftlicher Berater bei der US-Kriegsmarine tätig, vorgeblich für das Bureau of Ordinance. Aus Unterlagen des Office of the General Services Administration in St. Louis geht hervor, daß Einstein vom 31. Mai 1943 bis 30. Juni 1944 als *Wissenschaftler* mit einem Sonderdienstvertrag des Marineministeriums in Washington, D.C., angestellt war.

Einsteins eigene Kommentare zu dieser Verbindung sind nur skizzenhaft, aber interessant. Im Juli 1943 schrieb er Clark zufolge an seinen Freund Gustav Buckley: „Solange der Krieg noch dauert und ich für die Marine arbeite, möchte ich nichts anderes anfangen.“ Im August schrieb er wieder an Buckley und erzählte, es hätten sich engere Beziehungen mit dem Marinebüro für wissenschaftliche Forschung und Entwicklung in Washington ergeben. Im selben Monat teilte ihn Dr. Vannevar Bush einem Komitee zu, „in dem seine besonderen Kenntnisse höchstwahrscheinlich von Nutzen sein würden". Weder die Art des „Komitees" noch die der entsprechenden Kenntnisse wurden jemals enthüllt.

Eine Anfrage an Dr. Otto Nathan, Einsteins Finanzberater und Testamentsvollstrecker seines New Yorker Besitzes, über das Ausmaß von Einsteins Beziehungen zur Kriegsmarine ergab eine verwirrende Antwort. „Einstein", so sagte er, „wurde 1943 Berater des Bureau of Ordinance der Marine [sic] und beendete seine Arbeit für die Marine unseres Wissens ziemlich lange vor Kriegsende. ... Falls Sie sich für nähere Einzelheiten interessieren, schlagen wir vor, daß Sie sich mit dem Marineministerium in Washington in Verbindung setzen. Da Einsteins Arbeit keineswegs geheim war, dürfte man dort in der Lage sein, Ihnen genauere Informationen über seine Beratertätigkeit zu geben, die wir unsererseits nicht [von ihnen] bekommen konnten, als wir [unseren] Rechenschaftsbericht für die Veröffentlichung vorbereiteten." Der Leser hat ganz recht, wenn ihn das verwirrt: denn im selben Satz, in dem uns mitgeteilt wird, daß Einsteins Arbeit „keineswegs geheim" war, erklärt man uns gleich darauf, daß die Marine nicht bereit war, darüber Auskunft zu erteilen!

Faszinierende, aber leicht beunruhigende zusätzliche Informationen stammen aus der Erinnerung von Leuten, die angeblich am Projekt mitgearbeitet oder zu Einsteins Schutz und Überwachung abgestellt waren. Da gab es zum Beispiel eine Miss Blake, eine „Zweitsekretärin", die ihren Platz zwischen dem Eingang zu Einsteins Büro in Princeton und dem Büro des Mathematikers Dr. Oswald Weblen hatte. Ihre Aufgabe bestand vorgeblich in der Terminplanung, allerdings scheinen ihre mutmaßlichen Arbeitgeber, also wahrscheinlich doch die Princeton-Leute, keinerlei Unterlagen über ihre Anstellung zu besitzen. Es wäre demnach durchaus möglich, daß sie von der Regierung zu Einsteins Schutz eingesetzt war und gleichzeitig seine Besucher und sonstigen Kontakte zu überwachen hatte.

Ferner hat es den Anschein, als ob Einstein nicht nur mit den mathematischen Gleichungen des Projekts, sondern auch mit dem Experiment selbst zu tun hatte.

Nachdem der erste Versuch mißlungen war, brachten einem Bericht zufolge einige Marinebeamte Einstein zum Schauplatz des Geschehens, um in einer Art wissenschaftlicher Konfrontation bei der Auswertung des Experiments an Ort und Stelle seinen Rat einzuholen – etwa nach dem Motto „Jetzt haben Sie ja selbst gesehen, was passiert. Nun erklären Sie uns mal, was wir falsch gemacht haben.“ Während seiner Abwesenheit von Princeton nahm jemand anders seine Stelle im dortigen Büro ein, weisungsgemäß be- und überwacht von Miss Blake – die von dem Austausch gewußt haben mag oder auch nicht.

4. Was hat es mit der Einheitlichen Feldtheorie auf sich? Es ist praktisch unmöglich, sie in nichttechnischen Ausdrücken zu diskutieren, aber der eigentliche Sinn der Theorie besteht hauptsächlich darin, mit Hilfe einer einzigen Gleichung (von der wahrscheinlich ein wissenschaftliches Gesetz abgeleitet werden könnte) mathematisch die Wechselbeziehungen zwischen den drei fundamentalen Universalkräften zu erklären: Elektromagnetismus, Schwerkraft und Kernkraft. Interessanterweise läßt die gleichzeitige Entdeckung zweier Elementarteilchen der Materie, nämlich das J- und das psi-Teilchen, in New York und Kalifornien im Jahr 1974 vermuten, daß eine vierte, „schwache“ Universalkraft existiert, die zur Schwerkraft in der gleichen Weise in Beziehung steht wie die Elektrizität zum Magnetismus. Ob ein solches „Feld“ interdimensional oder „zeitbezogen“ wäre, ist noch unbekannt. Angenommen jedenfalls, daß eine solche Theorie vollständig entwickelt werden könnte, so müßten ihre endgültigen Gleichungen auch Licht- und Radiowellen, reinen Magnetismus, Röntgenstrahlen und sogar die Materie selbst mit einbeziehen. Die enorme Komplexität eines solchen Problems kann man sich in etwa

vorstellen, wenn man bedenkt, daß Einstein den größeren Teil seines Lebens der Verfolgung eines solchen Ziels gewidmet hat und sich sogar in späteren Jahren oft darüber beklagte, daß er die Mathematik nicht genügend beherrsche, um die Aufgabe zu vollenden.

Schon 1916 bemühte sich Einstein um die Erforschung der Möglichkeit, daß die Schwerkraft in Wirklichkeit gar keine „Kraft" ist, sondern vielmehr die erkennbaren Eigenschaften der „Raumzeit" selbst darstellt – der Kraft also, die allen anderen Kräften in „unserem" Universum zugrunde liegt und sie beherrscht. Noch einen Schritt weiter gehend überlegte er, ob das, was wir als Substanz oder „Materie" kennen, in Wirklichkeit nur ein örtliches Phänomen sein könnte, das durch Bereiche extremer Feldenergiekonzentration hervorgerufen wird. Einfacher ausgedrückt erwog er, *Materie* als ein *Produkt der Energie* zu betrachten statt umgekehrt, und wagte damit die seit langem etablierte Auffassung in Zweifel zu ziehen, wonach diese beiden völlig separate Erscheinungsformen sind und nebeneinander existieren.

Während der nächsten neununddreißig Jahre, bis zu seinem Tod 1955 im Alter von sechsundsiebzig Jahren, fuhr er fort, sein Konzept zu verbessern, wobei sich gelegentlich sein Standpunkt änderte, jedoch nie seine grundsätzliche Voraussetzung, daß die Schwerkraft mathematisch nachgewiesen werden kann, um sie in direkte Beziehung zu anderen Energieformen – hauptsächlich Elektromagnetismus – zu bringen. Um nun dieses Konzept zu seiner logischen Schlußfolgerung zu bringen (wobei wir uns für die notwendige Übervereinfachung entschuldigen): Da demonstriert werden kann, daß Elektrizität ganz leicht aus einem magnetischen Feld gewonnen werden kann (auf diesem Prinzip beruht der gewöhnliche elektrische Generator), und da magnetische Felder leicht von elektrischen abgeleitet werden können (wie bei industriellen Elektromagneten beispielsweise), folgt daraus logischerweise: wenn Schwerkraft mit diesen in Verbindung gebracht wird, müßte es möglich sein, durch eine Art von Wechselwirkung mit einem der beiden anderen oder mit beiden ein Schwerkraftfeld zu erzielen (oder zu annullieren).

Praktisch jede Errungenschaft unserer heutigen Lebensform, vom Automobil bis zum Toaster und Mikrowellenherd, basiert darauf, daß wir in den letzten Jahren des vergangenen Jahrhunderts gelernt haben, die Wechselwirkungen zwischen Elektrizität und Magnetismus als Energiequelle für uns arbeiten zu lassen. Bisher heißt es allerdings, daß jede etwaige demonstrierbare Beziehung der dritten Seite dieses Dreieck zu den anderen beiden uns größtenteils entgangen ist.

Mehr als zwanzig Jahre nach Einsteins Tod bleibt ein großer Teil seines Lebenswerks noch immer überwiegend unverständlich, sogar für die genialsten Gelehrten. Seit Beginn der siebziger Jahre tendiert die orthodoxe Wissenschaft dazu, einen losen Zusammenhang oder „Koppelungseffekt" irgendeiner Art zwischen elektromagnetischer und Schwerkraft anzuerkennen, aber nur wenige Wissenschaftler haben bisher erwogen, daß dieser Koppelungseffekt überhaupt anwendbar sein könnte. Offiziell ist das der Fall, obwohl der Verdacht besteht, daß einige wesentliche Fortschritte in diesem Bereich noch immer hinter der schrecklichen Phrase „streng geheim" verborgen sind. (Einer der Autoren dieses Buchs hat beispielsweise Einblick in eine hochinteressante Studie über die Möglichkeit nehmen können, unter Verwendung der Laser-Technologie „Schwerkraftstrahlen" herzustellen und diese praktisch unentdeckbaren Strahlen zur Nachrichtenübermittlung von einem Punkt zum anderen zu benutzen.)

Einstein betrachtete das Universum als eine geordnete und faßbare Schöpfung. Er konnte nicht glauben, daß die der Perfektion Gottes zugrunde liegenden physikalischen Gesetze nichts als eine chaotische Ansammlung von Gleichungen sein sollten, die nur in ganz entfernter Beziehung zueinander stünden. „Ich kann nicht glauben", sagte er, „daß Gott mit der Welt Würfel spielt!" Deshalb müssen die Kräfte des Universums ein geordnetes und faßbares Ganzes bilden, das bei Anwendung der richtigen Methoden, in größerem oder kleinerem Ausmaß, in mathematischen Begriffen dargestellt werden kann.

Interessanterweise war Einstein ziemlich der einzige, der dieses Ziel verfolgte. Heutzutage sind die meisten Wissenschaftler viel zu sehr mit der Dringlichkeit der experimentellen Forschung befaßt, als daß sie sich mit der unerbittlichen Gehirnakrobatik abgeben könnten, die notwendig ist, um die Grundlagen der Einheitlichen Feldtheorie zu erforschen – von der Tatsache ganz zu schweigen, daß diese Aufgabe abschrekkend schwierig und zeitraubend ist und oftmals auch nicht sehr lohnend. Leider gehört es zu den traurigen Wahrheiten in der Wissenschaft, daß diejenige Forschung, die in brauchbarer konkreter „hardware" resultiert, gewinnbringender ist als die Forschungsarbeit, die nur zu Theorien führt. Die Aufgabe wird noch komplizierter durch die Tatsache, daß heute viele Wissenschaftler der Ansicht sind, daß Einstein mit dem Versuch, Ordnung in das Chaos zu bringen, ein nichtexistentes Ziel verfolgte. (Wolfgang Pauli, einem Physiker, der die Arbeit an der Einheitlichen Feldphysik aufgab, wird folgender Satz als Ausdruck seines Widerwillens zugeschrieben: „Was Gott geschieden hat, soll der Mensch nicht zusammenfügen.")

Wie erfolgreich Einstein tatsächlich war, wird man vielleicht niemals genau wissen, da so wenige in der Lage sind zu verstehen, worauf er eigentlich hinauswollte, bevor er starb. Wenn das Philadelphia-Experiment wirklich einige seiner theoretischen Vorstellungen bestätigt hat, dann ist das Wissen darüber so unterdrückt worden, daß bis heute sein Konzept einer Einheitlichen Feldtheorie noch immer mehr als ein Ziel und nicht als eine echte Theorie angesehen wird. Und zwar ungeachtet der Tatsache, daß Einstein weniger als zwei Jahre vor seinem Tod die, wie er sagte, „äußerst überzeugenden" Resultate seiner Suche nach einem mathematischen Beweis des Zusammenhangs zwischen Elektromagnetismus und Schwerkraft verkündete. Wenn man Allendes Aussagen über die Vollständigkeit der Einsteinschen Einheitlichen Feldtheorie des

Jahres 1925 bedenkt, ist es interessant festzustellen, daß diese letztere Theorie tatsächlich eine sehr nahe Verwandtschaft mit der früheren Version aufweist, von der Allende sagt, sie sei aus Gründen der „Humantik“ „zurückgezogen“ worden.

Das Wesentliche dieser Theorie war eine Kette von sechzehn unglaublich komplizierten Größen (dargestellt in einer vorgeschrittenen Art mathematischer Kurzschrift, den sogenannten Tensorgleichungen), von welchen zehn Kombinationen die Schwerkraft und die restlichen sechs den Elektromagnetismus darstellten. Denjenigen zufolge, die die revidierte Version studiert haben, gibt es keine befriedigende Möglichkeit, diese letzte Theorie in einfachen Worten zu erklären, da ihr ein hochmathematisches Konzept zugrunde liegt. Das Problem wird dadurch noch vergrößert, daß Einstein selbst feststellte, daß seine Gleichungen noch nicht ihre unbedingt endgültige Form hätten, was den Versuch, seine Arbeit zu rekonstruieren, doppelt schwierig macht. Eines ist interessanterweise klar erkennbar: das Konzept, daß ein reines Schwerkraftfeld zwar ohne ein elektromagnetisches Feld existieren kann, aber ein reines elektromagnetisches Feld nicht ohne begleitendes Schwerkraftfeld.

Seit Einsteins eigener letzter Revision seiner Berechnungen im Jahr 1953 ist ihnen praktisch nichts von Bedeutung hinzugefügt worden; und es kann durchaus auch noch viele Jahre dauern, bis irgend etwas hinzugefügt werden kann, da die diesbezüglichen Gleichungen nicht einfach zu lösen sind. Experimentelle Arbeit, die zugunsten von Resultaten die Gleichungen umgeht, wird entweder geheimgehalten oder ignoriert, und Computer sind eine sehr geringe Hilfe, da sie nicht entsprechend konstruiert sind, um Probleme von derart abstrakter Natur lösen zu können.

Möglicherweise ist in diesem Zusammenhang ein „Füller“ in der *New York Times* vom April 1956 von Interesse, eine kurze Meldung, daß ein Dr. Parvis Marat, Physiker an der Universität von Maryland, „die berühmte Einheitliche Feldtheorie des verstorbenen Dr. Albert Einstein teilweise bestätigen konnte" und „Einsteins neueste und radikalste Theorie die Hürde kritischer Tests mit fliegenden Fahnen genommen hatte". Die Natur jener „kritischen Tests" bleibt ungenannt.

So interessant theoretische Entdeckungen auch sein mögen – echte Aufmerksamkeit können doch nur demonstrierbare praktische Resultate erregen. Wurden solche Resultate etwa schon damals im Jahr 1943 erzielt, als die US-Kriegsmarine den Versuch unternahm, einige der genannten Prinzipien anzuwenden, um jenes Schiff unsichtbar zu machen und vielleicht sogar zu teleportieren, wie Allende behauptet? Mißglückte das Experiment irgendwie, so daß unerwartete, verheerende Folgen auftraten? Folgen einer Art vielleicht, die – wenn wir den gegenüber Davis und Huse seinerzeit in Colorado gemachten Aussagen glauben können – sogar zu Kontakten mit Wesen aus einer anderen Welt geführt haben könnten?

Hatte Allende vielleicht recht, als er mit den abschließenden Worten seines letzten Briefes an Dr. Jessup andeutete, daß die Resultate der geheimen Experimente der Marine etwas mit der UFO-Antriebskraft zu tun haben könnten? Oder war das Ganze nur eine Art „Fata Morgana" – eines jener flüchtigen „Geisterschiffe", die wie von ungefähr im Meeresnebel erscheinen und wieder verschwinden?

Unsere Suche nach der Antwort führt uns als nächstes ins Staatsarchiv in Washington, D.C.

# 8

## Die rätselhaften Akten

Eines der größten Probleme, mit denen man bei der Durchführung von Nachforschungen konfrontiert werden kann, ist der Versuch, für vorliegende Informationen eine Bestätigung zu finden. Wenn Allendes eigenartige Erzählung wahr ist – wenn die DE 173 wirklich unsichtbar war, wie er sagt, und wenn Leute von der S. S. *Andrew Furuseth* das Experiment bezeugen können – und da ja der wirkliche Name des Projekts nicht bekannt ist –, dann wäre vielleicht einer der besten Wege, etwas mehr darüber herauszufinden, die verfügbaren Unterlagen über die betreffenden Schiffe im Staatsarchiv einzusehen. Doch das, was als ehrlicher Versuch begann, die Erzählung zu diskreditieren, endete auch hier wieder mit der Aufdeckung von Tatsachen, die das genaue Gegenteil zu bewirken scheinen.

Zunächst nämlich gibt es anscheinend nicht ein, sondern zwei Schiffe namens S. S. *Andrew Furuseth.* Das eine ist ein Erztransporter, der offenbar noch heute den Pazifik befährt; wir können ihn getrost von unserer Untersuchung ausschließen, da er erst nach dem Zweiten Weltkrieg in Betrieb genommen wurde. Das andere ist ein Liberty-Schiff, und Allendes Angaben treffen bemerkenswert gut auf dieses zu.

Der Name *Andrew Furuseth* war der US-Schiffahrtskommission im Juli 1942 von der pazifischen Seemannsgewerkschaft zur Benennung eines Schiffes vorgeschlagen worden, als Ehrung des Gründers und langjährigen Präsidenten dieser Organisation. Das Schiff lief im Oktober desselben Jahres als Hull Nr. 491 in der Werft Nr. 1 der Permanent Metals Division der Firma Kaiser Industries in Richmond, Kalifornien, vom Stapel. Allendes Aussage gegenüber Jessup bestätigend, kam das Schiff kurz nachher im Leasing-Verfahren an die Matson Navigation Company in San Francisco, die das Schiff dann während der nächsten vier Jahre in Benutzung hatte. Am 19. Oktober verließ die *Furuseth* den Hafen dieser Stadt zu einer fünfmonatigen Fahrt, die sie bis weit in den Bereich des pazifischen Kriegsschauplatzes hineinführte. Als sie im März 1943 vor der Pazifikinsel Luganville lag, erreichte sie der Einsatzbefehl für den Atlantik, wo dringend Ersatzschiffe für den gefährlichen Nachschubtransport nach Nordafrika benötigt wurden. Die Unterlagen bei Matson zeigen, daß die lange Fahrt zum und durch den Kanal am 14. März 1943 begann, und daß die *Furuseth* den New Yorker Hafen schließlich am 6. Mai erreichte. Nach kurzer Überholung verließ sie zweiundzwanzig Tage später New York in einem Konvoi mit dem Ziel Oran, Algerien, wo sie am 17. Juni sicher eintraf.

Nach Zwischenstationen in Mostaganem und Gibraltar kam sie am 23. Juli wieder in New York an und lag drei Wochen im Hafen. Am 13. August 1943 lief die *Furuseth* wieder aus, diesmal zu einer Fahrt die Küste entlang zu den Hafenanlagen von Norfolk und Newport News, wo sie Ladungen für eine weitere Atlantiküberquerung aufnahm. Und hier beginnt sie nun für uns interessant zu werden, denn eines der für diese Reise soeben angeheuerten Mitglieder der Deckmannschaft ist ein junger Mann, frisch von der Seemannsschule, der sich unter dem Namen Carl M. Allen einschreibt. Besonders interessant ist die Tatsache, daß er, anstatt mit der *Furuseth* die Küste entlangzufahren, die Erlaubnis erhält, erst in Norfolk an Bord zu kommen, so daß er also die Reise auf dem Landweg unternimmt – was dazu führt, daß er unterwegs in Philadelphia haltmacht, um zu übernachten. Er erreicht den Hafenbereich von Norfolk am Morgen des 16. gerade noch rechtzeitig, um an Bord der *Furuseth* zu gehen, bevor diese um 10.18 Uhr von Newport News ausläuft. Es war ihre dritte Fahrt im Geleitzug, das Ziel war Casablanca.

Am 4. Oktober ist die *Furuseth* wieder vor Newport News gedockt, um überholt und beladen zu werden, was bis zum 25. Oktober dauert. An diesem Tage verläßt sie Norfolk wieder mit dem Ziel Nordafrika (diesmal Oran), und wieder scheint der Name Carl M. Allen in der Mannschaftsliste auf. Am 12. November erreicht das Schiff sicher den Hafen von Oran und kehrte nicht vor dem 17. Januar 1944 in einen amerikanischen Hafen zurück. Einige Tage später verließ ein Mannschaftsmitglied namens Carl M. Allen die *Furuseth* endgültig. Er sollte dann schließlich auf ein anderes Schiff überwechseln, die S.S. *Newton D. Baker.*

Was die DE 173 betrifft – besser bekannt unter der Bezeichnung U. S. S. *Eldridge* –, so zeigen die *offiziellen* Unterlagen, daß dieses Schiff eine eher ereignislose Geschichte hat. Die Informationen in diesen Unterlagen besagen, daß der Bau der *Eldridge* am 22. Februar 1943 in den Federal Shipbuilding and Drydocks, Newark, begann und daß sie eine Länge von 102 Meter, eine Standardverdrängung von 1240 Tonnen und eine Ladeverdrängung von 1520 Tonnen hatte. Ungefähr fünf Monate später, am 25. Juli, soll der Stapellauf stattgefunden haben. Die offizielle Zeremonie der Inbetriebnahme fand am 27. August 1943 in der New Yorker Marinewerft statt, und das Kommando wurde Kapitänleutnant Charles R. Hamilton, USNR, übergeben.

Zitat aus den Unterlagen des Marineministeriums über die Geschichte des Schiffes:

> Um für die Erfüllung der bevorstehenden Aufgabe keine Zeit zu verlieren, verband die U. S. S. *Eldridge* während des Monats September ihren Eskortendienst mit Aufklärungsoperationen im Bereich von Bermuda, Westindien. Sie versah diesen Dienst bis zum 28. Dezember und wurde dann für eine dreitägige Schulung in die Nähe von Block Island beordert. Von dort fuhr sie die Küste entlang, hinauf nach Hampton Roads, Virginia, um dort ihren ersten Einsatzbefehl als Übersee-Eskorte zu erwarten. Nach kurzen

Eskorten- und Patrouillenmissionen, die sie in der ersten Januarwoche 1944 in die Chesapeake Bay führte, stach sie in See, um als eine der Eskorteneinheiten eines großen Konvois von Handelsschiffen den Atlantik zu überqueren . . .

Zwischen dem 4. Januar 1945 und dem 9. Mai 1945 erfüllte die *Eldridge* die lebenswichtige Aufgabe, Menschen und Material in das Mittelmeer zu eskortieren, um die alliierten Operationen in Nordafrika und später in Südeuropa zu unterstützen. Sie absolvierte insgesamt neun Fahrten zum sicheren Geleit von Konvois nach Casablanca, Biserta und Oran.

Nach Beendigung ihres Dienstes auf dem Atlantik wurde die *Eldridge* in den Pazifik abkommandiert, wo sie bis Kriegsende verblieb. Nach ihrer Rückkehr nach New York wurde sie am 17. Juni 1946 aus dem Verkehr gezogen und bis zum 15. Januar 1951 auf Dock gelegt, um dann im Rahmen des gegenseitigen Verteidigungsabkommens an Griechenland verkauft zu werden. Dort wurde sie in *Léon* („Löwe“) umbenannt und könnte noch in Betrieb sein.

Das klingt alles so völlig normal, daß man kaum Grund hätte, die Sache nachzuprüfen – wenn da nicht Allendes Geschichte über das Schiff wäre. Betrachtet man sie jedoch im Lichte von Allendes Story, dann erscheint diese *offizielle* Geschichte der *Eldridge* als Flickwerk, zeigt Lücken und Schwächen.

Um mit dem Anfang zu beginnen: Sollte es sich herausstellen, daß die *Eldridge* und die S. S. *Furuseth* während der Zeit, in der Carl M. Allen als Mannschaftsmitglied auf der *Furuseth* war, wenigstens einmal zum selben Zeitpunkt am selben Ort waren, dann würde seine Geschichte zumindest um einen Hauch an Wahrscheinlichkeit gewinnen. Wenn anderseits keine solche Übereinstimmung gefunden werden kann, dann wäre Allendes Erzählung ernsthaft gefährdet, wenn nicht gar völlig erledigt. Das erste Anzeichen dafür, daß nicht alles so war, wie es sein sollte, tauchte auf, als wir Kopien der Logbücher der beiden Schiffe aufzutreiben versuchten, um sie zu überprüfen und das Rätsel unter diesem Aspekt anzugehen. Als Resultat unserer diesbezüglichen Anfrage mußten wir die überraschende Entdeckung machen, daß 1. die Decklogbücher der *Eldridge* für die Zeit von der Inbetriebnahme (27. August 1943) bis zum 1. Dezember 1943 „unauffindbar sind und daher nicht zur Verfügung gestellt werden können"; und daß 2. die Logbücher der *Furuseth* auf höheren Befehl vernichtet wurden, also nicht mehr existierten.

Da der einzige für diese Untersuchung interessante Zeitabschnitt in der Geschichte dieser beiden Schiffe derjenige ist, in dem Allende auf der *Furuseth* Dienst tat, also etwa vom 13. August 1943 bis etwa 30. Januar 1944, bemühten wir uns als nächstes, zu bestimmten, wenn auch nur skizzenhaften und versuchsweisen Schlußfolgerungen zu kommen, indem wir auf die bereits vorliegenden Informationen zurückgriffen. Daraus schien sich folgendes zu ergeben:

Aus Unterlagen, die noch im Besitz der Matson-Schiffahrtsgesellschaft sind, geht hervor, daß die *Furuseth* während dieser Zeit zwei Fahrten nach Nordafrika durchführte; die erste begann am 13. August 1943, als die *Furuseth* von New York aus südwärts die Küste entlang nach Norfolk und von da aus weiter nach Nordafrika fuhr; bei der zweiten fuhr sie von Lynhaven Roads, Virginia (in der Nähe von Norfolk), nach Oran in Algerien. Für Allende begann die erste Reise nicht vor dem 16. August, da er ja erst in Norfolk an Bord ging, nachdem er ein Wochenende in Philadelphia verbracht hatte. Die zweite Reise endete für ihn, als er einige Tage nach dem Ankunftsdatum der *Furuseth* (17. Januar 1944) in Hampton Roads das Schiff verließ.

Der offiziellen Geschichte der *Eldridge* zufolge, wie sie aus den Unterlagen des Marineministeriums hervorgeht, lief sie am 25. Juli 1943 in Newark, New Jersey, vom Stapel und wurde am 27. August 1943 in der New Yorker Marinewerft in Betrieb genommen. Ihre Aufklärungsmission begann Anfang

September, erstreckte sich auf das Gebiet von Bermuda, Britisch-Westindische Inseln, und dauerte bis zum 28. Dezember 1943. Aus denselben Unterlagen geht hervor, daß ihre erste Überseefahrt am 4. Januar 1944 begann und am 15. Februar mit ihrer Ankunft im New Yorker Hafen endete.

Wenn wir unsere Schlußfolgerungen aus diesen Angaben ziehen sollten, würde das bedeuten, daß während dieser Zeit keines der beiden Schiffe dem anderen je in die Nähe gekommen wäre. Die Frage ist nur, ob diese Information zuverlässig ist. Daß die Logbücher beider Schiffe nicht verfügbar sind, läßt gewisse Zweifel aufkommen, berechtigt jedoch kaum dazu, diesen ganzen Unterlagen mit Mißtrauen zu begegnen. Das Rätsel war also seiner Lösung um nichts näher gekommen.

Die erste Information, die in das Puzzle paßte, hatte bis vor kurzem der Geheimhaltung unterlegen – und diese Information über die *Eldridge* schien die offizielle Geschichte nun tatsächlich völlig in Mißkredit zu bringen. Das fragliche Dokument war ein Bericht über eine U-Boot-Abwehraktion, den der Kommandant der *Eldridge* entsprechend den Flottenvorschriften am 14. Dezember 1943 erstattete, und bezog sich auf ein Ereignis am 20. November im Nordatlantik. Der offiziellen Darstellung nach befand sich die *Eldridge* von Anfang September bis Ende Dezember 1943 auf einer Aufklärungsmission in der Gegend von Bermuda; ihre erste Überseereise begann am 4. Januar 1944. Nach dem Einsatzbericht des Schiffskommandanten, Kapitänleutnant C. R. Hamilton, feuerte die *Eldridge* am 20. November 1943 kurz nach 13.30 Uhr Ortszeit sieben Unterwasserbomben gegen ein vermutetes feindliches U-Boot ab, während sie als Geleitschiff des Konvois UGS 23 westwärts (Richtung USA) fuhr. Die im Bericht angegebene Position der *Eldridge* war 34°03′ nördlicher Breite und 08°57′ westlicher Länge – das heißt, sie befand sich etwa zweihundert Meilen vor der Küste von Casablanca, und an die dreitausend Meilen von Bermuda entfernt!

Dann fügte sich ein zweites Stückchen Information in das Puzzle: Während die Decklogbücher der *Eldridge* noch immer unauffindbar waren, tauchte das Ingenieurlogbuch auf. Zwar enthielt es keine für die Sache selbst wichtigen Informationen, doch es enthielt die Schiffspositionsangaben für die fraglichen Daten. Diese und noch weitere Unterlagen, die fast gleichzeitig zum Vorschein kamen, zeigten, daß die *Eldridge* am 2. November von Brooklyn auslief, um einige versprengte Schiffe des Konvois GUS 22 einzusammeln, der Ende Oktober durch einen späten Orkan zerstreut worden war. Das war nun wirklich eine wertvolle Information, denn der fragliche Konvoi war kein anderer als der, in dem die S. S. *Furuseth* fuhr und der am 25. Oktober von Norfolk-Lynhaven Roads ausgelaufen war! Das interessanteste dabei ist, daß die *Furuseth* in der letzten Reihe des Konvois fuhr und dabei fast mit Sicherheit die DE 173 gesichtet haben muß, als diese ihre Nachzügler einholte. Außerdem deutet die für den 22. November angegebene Position der *Eldridge* vor Casablanca darauf hin, daß die *Eldridge* die *Furuseth* und ihren Konvoi GUS 22 die ganze Strecke bis nach Nordafrika begleitete (wo der Konvoi bekanntlich am 12. November eintraf) und sich als Eskorte des UGS 23 auf dem Rückweg befand, als es zu der Begegnung mit dem in jenem Einsatzbericht genannten U-Boot kam. Wäre dieser Einsatzbericht nicht entdeckt worden, den die Marine vierunddreißig Jahre lang unter Verschluß gehalten hatte, wären diese Dinge nie ans Tageslicht gekommen. Nachdem allerdings ein so offenkundiger „Fehler" in den *offiziellen* Darstellungen aufgedeckt war, fragte man sich natürlich, ob es vielleicht noch mehr derartige „Fehler" gab.

Offensichtlich waren sich also die *Furuseth* und die *Eldridge* während eines Geleitzugunternehmens auf dem Weg nach Afrika begegnet. Die Frage ist nur, ob es dann logisch wäre, daß die Marine und ihre Wissenschaftler unter solchen Umständen und in voller Sicht eines ganzen Konvois ein so gefährliches, gewagtes und offenbar doch streng geheimes Experiment wie elektromagnetische Unsichtbarkeit riskieren würden. Das erscheint nicht sehr wahrscheinlich. Und außerdem spricht Allende ausdrücklich davon, daß das Experiment im Dockbereich von Philadelphia und „auf dem Meer" stattfand, vermutlich also vor der Küste des Festlands. Seine Datenangaben – Ende Oktober – stimmen mit denen für die Konvoioperation überein, aber bei den übrigen Umständen gibt es keine Übereinstimmung. Vor allem kam die *Eldridge* ja wohl von Brooklyn und nicht von Philadelphia, als sie sich dem GUS 22 anschloß. In den Schiffspapieren für die fragliche Zeit ist nirgends erwähnt, daß die *Eldridge* überhaupt in oder bei Philadelphia war – außer zu der Zeit, als sie in Newark im Bau war. Man beachte auch, daß Allende Jessup mitteilte, er habe über die Nachwirkungserscheinungen des Experiments bei einigen Mannschaftsmitgliedern einen Artikel in einer Tageszeitung von Philadelphia gelesen. Aber auch Allende (oder Allen) war ja im Oktober 1943 anscheinend gar nicht in Philadelphia: Aber er *war* im August dort – übrigens zur gleichen Zeit etwa, als die *Eldridge* angeblich in Newark auf den Befehl wartete, zur Zeremonie der Inbetriebnahme nach New York zu fahren. In seinem Brief meint er jedoch, daß dieser Zeitungsartikel im Herbst oder im Winter erschien und nicht im Sommer. Wenn wir diese Einzelheit einer Fehlleistung des menschlichen Gedächtnisses zuschreiben könnten, dann würde der Rest einen Sinn ergeben.

Während wir noch mit dem Wälzen dieser Probleme beschäftigt waren, kamen die endgültigen Hinweise zutage – sehr wichtige Anhaltspunkte, die nun aber die offiziellen Aufzeichnungen wirklich in zweifelhaftem Licht erscheinen ließen. Wir erhielten nämlich einen Brief von einem früheren Kriegsschiffkommandanten, der uns im wesentlichen schrieb, er könne sich daran erinnern, daß die *Eldridge* kurz nach dem *ersten* Orkan der Saison 1943 Bermuda anlief – das Datum müsse Ende Juli oder Anfang August gewesen sein! Das Schiff hatte dort kurze Zeit neben dem seinen geankert und stach dann gleich wieder in See. Er erinnere sich deshalb so gut daran, weil dieses Schiff keine Flaggen aufgezogen hatte und keinerlei Anstalten machte, mit seinem Schiff die üblichen Grüße auszutauschen.

Wirklich ein ungewöhnliches Verhalten; noch ungewöhnlicher aber ist die Tatsache, daß dieses Schiff, wenn es die *Eldridge* war, nur wenige Tage nach seinem Stapellauf in Newark in Bermuda erschienen war – zu einer Zeit also, wo die Bauarbeiten normalerweise noch gar nicht beendet sein konnten, und einen ganzen Monat, bevor dem Schiff überhaupt eine Mannschaft zugeteilt war!

Die einzig möglichen Erklärungen dafür wären, daß entweder der Kommandant sich getäuscht hatte oder daß die *Eldridge vor* dem 25. Juli in Newark vom Stapel lief. Die Unterlagen der amerikanischen Marine ließen diesen Schluß bestimmt nicht zu – aber was ist mit den Griechen? Hier gab es eine neuerliche Überraschung, denn den Unterlagen der Griechen über die *Eldridge* zufolge (die sie natürlich von den Amerikanern bekommen haben mußten) hatte der Stapellauf dieses Schiffes nicht am 25. Juli, sondern am 25. *Juni* 1943 stattgefunden – also ganze dreißig Tage früher! Nicht nur das: Die griechischen Unterlagen zeigen auch, daß für die *Eldridge,* als sie 1951 der griechischen Marine übergeben wurde, eine Standardverdrängung von 1240 Tonnen und eine Ladeverdrängung von 1900 Tonnen angegeben war – das bedeutete eine Abweichung von etwa 380 Tonnen! Wie uns ein ehemaliger Marineangehöriger erklärte, ist die einzige Möglichkeit, wie ein Schiff 380 Tonnen an Auftrieb dazugewinnen kann, daß etwas mit diesem Gewicht aus dem Schiff entfernt worden sein mußte, bevor es den Griechen überstellt wurde. Vielleicht elektronische Einrichtungen?

Jetzt wird die Geschichte allmählich vollständig. Die *Eldridge* lief nicht am 25. Juli, sondern am 25. Juni 1943 vom Stapel, und der Newark-Philadelphia-Bereich war ihr Heimathafen während der Zeit bis zu ihrer Überstellung im August zwecks offizieller Inbetriebnahme; sie war in den letzten Julioder ersten Augusttagen auf See und kam mindestens bis Bermuda; und ihre offizielle Geschichte für die Zeit bis zum 4. Januar 1944 ist beinahe sicher falsch!

Ausgerüstet mit diesem Beweismaterial wandte sich einer der

Autoren dieses Buchs, William L. Moore, an einen Gewährsmann, der ihm bis dahin mit kleineren Gefälligkeiten behilflich gewesen war, den er aber im Verdacht hatte, mehr zu wissen, als er zugeben wollte. Dieser Mann, der notgedrungenerweise namenlos bleiben muß, war während des Krieges als Wissenschaftler im Radarprogramm der Marine beschäftigt gewesen, und zwar in einer Stellung, die ihn, wenn es ein Projekt wie das Philadelphia-Experiment jemals gegeben hat, sicherlich damit in Kontakt gebracht hätte. Angesichts des Beweismaterials erklärte er sich schließlich zur Aussage bereit, allerdings nur unter der Bedingung, daß ihm absolute Anonymität garantiert werde. Das geschah, und hier ist seine Geschichte:

Frage: Commander, können Sie uns beschreiben, welches Verfahren notwendig war, um für dieses Projekt ein Versuchsschiff zu bekommen?

Sie müssen bedenken, daß es 1943 sehr schwierig war, ein Schiff zu experimentellen Zwecken loszueisen. Sobald ein Schiff in Betrieb genommen war, wurde es sofort zum Bestandteil der Kriegseinsatzpläne irgendeines Admirals, und es war so gut wie unmöglich, es zu Versuchszwecken aus diesen Plänen wieder herauszureißen. Der leichteste und praktisch einzig gangbare Weg, für ein solches Projekt ein Schiff zu kriegen, war, es zwischen Stapellauf und Inbetriebnahme einfach für kurze Zeit abzuzweigen. So etwas war nie ganz einfach, und gewöhnlich bedurfte es etlicher Manöver und Manipulationen an höchster Stelle, aber möglich war es, und es wurde auch gelegentlich praktiziert – vorausgesetzt natürlich, daß die Wissenschaftler die hohen Tiere davon überzeugen konnten, daß das fragliche Projekt vielversprechend und bedeutend genug war, daß es sich lohnte. Auf jeden Fall war es aber erheblich leichter, ein Schiff in die Hand zu bekommen, das noch in der Bauphase und nicht in Betrieb genommen war. Dabei mußten auch weniger Leute beteiligt werden.

Frage: Wenn man in Betracht zieht, daß Mitte 1943 das Manhattan-Projekt schon auffallende Fortschritte machte und einen großen Teil des für militärische Forschung zur Verfügung stehenden Budgets zu schlucken begann, war dann nicht 1943 ein besonders kritisches Jahr für einen großen Teil der anderen streng geheimen Verteidigungsprojekte, die gleichzeitig im Gange waren?

Ja, ungefähr 1943 begann eine deutliche Änderung der Einstellung gegenüber verschiedenen laufenden Versuchsprojekten und -ideen. Es gab damals mehr und mehr Leute, die das Kriegsende näher kommen sahen, und so war die entscheidende Frage für alle laufenden Arbeiten: „Könnt ihr das so rechtzeitig vor Kriegsende fertigkriegen, daß es noch eingesetzt werden kann?" Diejenigen Teams, die sich ihrer Sache hinsichtlich bestimmter Projekte nicht ganz sicher waren, drängte man, ein paar schnelle Experimente und Tests durchzuziehen, damit man die Verwendungsmöglichkeiten besser beurteilen konnte. Falls das nicht in aller Eile durchgeführt werden konnte, oder wenn die Ergebnisse noch immer unklar waren, bekam die betreffende Arbeitsgruppe unweigerlich eine Weisung von oben, daß sie „ihre Zeit vielleicht nutzbringender für wichtigere Dinge verwenden" sollte. So wurden eben die Projekte mit wenig Aussicht auf sofortige brauchbare Resultate „zur späteren Verwendung" beiseite gelegt.

Frage: Deutet nicht schon allein die Tatsache, daß man sich unter diesen Umständen überhaupt ein Schiff beschaffen konnte, auf die Wichtigkeit hin, die man diesem Projekt seitens der militärischen und wissenschaftlichen Institutionen beimaß?

Ich bin mit dem betreffenden Projekt nicht übermäßig vertraut, aber ich glaube, jemand sagte zu den Marine-

Wissenschaftlern soviel wie: „Wenn ihr noch in diesem Jahr [1943] einen Test durchführen könnt, dann sind wir interessiert und werden euch unterstützen. Wenn nicht, ist Schluß. Vom Testresultat allein wird es abhängen, ob wir mit dieser Sache weitermachen oder nicht. Wenn keine sofortigen Resultate dabei herauskommen, dann legt es bis nach dem Krieg auf Eis, und dann werden wir es uns nochmal ansehen."

Frage: Was unser spezielles Projekt angeht: Können Sie sich daran erinnern, wie es begann, wer dahintersteckte, oder was man letztlich damit erreichen wollte?

Ich habe nicht die entfernteste Idee, woher das Projekt ursprünglich kam oder wie es in Gang gebracht wurde. Wie gesagt, ich hatte nur ganz am Ende damit zu tun. Ich glaube, sie haben es irgendwie geschafft, in Philadelphia oder Newark für begrenzte Zeit ein Schiff zu ergattern, wahrscheinlich nur für zwei oder drei Wochen, und es kommt mir so vor, als ob sie sowohl am Fluß [Delaware] als auch vor der Küste ein paar Tests durchführten, vor allem im Hinblick auf die Wirkung eines starken magnetischen Kraftfeldes auf Radarortungsgeräte. Viel mehr kann ich Ihnen darüber nicht sagen, auch nicht, zu welchen Resultaten sie letztlich kamen – ich weiß es einfach nicht. Meine Vermutung – und ich betone, *Vermutung* – wäre die, daß alle möglichen Empfangsgeräte auf andere Schiffe und entlang der Küste verteilt wurden, um festzustellen, was „auf der anderen Seite" passiert, wenn sowohl Funk als auch Nieder- und Hochfrequenz-Radar durch das Feld geschickt würden. Zweifellos hätte man auch Beobachtungen darüber anstellen müssen, welche Wirkungen dieses Feld auf das sichtbare Licht haben würde. Jedenfalls weiß ich das eine, daß eine Menge Arbeit hinsichtlich totaler Absorption und Refraktion im Gange war, und das würde ja genau zu einem solchen Experiment passen. Eines kann ich Ihnen aber sagen: Es wäre äußerst unwahrscheinlich, Versuche solcher Art auf einem Schiff durchzuführen, nachdem es offiziell in Betrieb genommen und bemannt wurde. So etwas hätten sie einfach nicht gemacht – und schon gar nicht auf See und während einer Geleitzugsmission. Absolut niemand, der 1943 mit Forschung dieser Art zu tun hatte, würde es gewagt haben, einige hundert Tonnen wertvoller elektronischer Einrichtungen mitten auf dem Atlantik der Gnade oder Ungnade irgendeines deutschen U-Boot-Kommandanten auszuliefern.

Das war nun wirklich eine überaus wertvolle Zeugenaussage, zumal sie uns fast genau mitteilte, wann das Philadelphia-Experiment stattfand, und auch anzugeben scheint, daß zumindest ein Teil davon sich in oder bei den Dockanlagen von Philadelphia-Newark abspielte. Wenn die zwei- bis dreiwöchige Verfügbarkeit zu Versuchszwecken stimmt, und wenn die griechischen Papiere über das Datum 25. Juni des Stapellaufs der *Eldridge* richtig sind (wie wir annehmen müssen), und wenn man noch einige Wochen nach dem Stapellauf für die abschließenden Bauarbeiten einräumt, dann hat das Philadelphia-Experiment anscheinend irgendwann zwischen dem 20. Juli und dem 20. August 1943 stattgefunden. Das erklärt nicht nur, wieso der oben erwähnte Marinekommandant in den letzten Julitagen die *Eldridge* in Bermuda gesehen haben konnte (wohin sie sich vielleicht infolge des Orkans flüchten mußte), sondern es erklärt auch, wie Carlos Allende, der das Wochenende vom 13. bis 15. August in Philadelphia verbrachte, den Artikel darüber in einer Tageszeitung von Philadelphia oder Umgebung entdecken konnte. Die Experimente hätten zu dieser Zeit schon in ihrer letzten Phase sein müssen, und begreiflicherweise hätte man der vorläufigen Kaderbesatzung, die während der Forschungsarbeiten im Einsatz gewesen war, an einem dieser Tage einmal Landurlaub gewähren müssen. Wenn das stimmt, dann müßte sich der von Allende erwähnte Aufruhr in der Bar entweder am Freitagabend, dem

13., oder am Samstagabend, dem 14. August, ereignet haben.

Den Aufzeichnungen zufolge verließ die *Eldridge* Newark am Dienstag, dem 17. August, und erreichte Brooklyn am Mittwoch, dem 18. August, um dort ihre offizielle Inbetriebnahme zu erwarten. Die *Furuseth* mit Allende an Bord hatte das Hafengebiet von Norfolk am Montag, dem 16. August, verlassen und fuhr am 17. August im Geleitzug die Küste entlang, bevor sie ostwärts in Richtung Nordafrika abdrehte; dabei könnte sie leicht mit der *Eldridge* zusammengetroffen sein, als diese am Morgen des 17. August aus der Delaware-Bucht kam, um Richtung Brooklyn zu fahren. Eine solche Begegnung wäre wahrscheinlich wegen der größeren Geschwindigkeit der *Eldridge* und der unterschiedlichen Fahrtziele nur kurz gewesen. Wenn aber zu dieser Zeit die letzten Experimente noch im Gang waren, dann ist es absolut möglich, daß Allende seine schicksalhafte Beobachtung an diesem Tage machte – und nicht anläßlich seines zweiten Zusammentreffens mit der *Eldridge,* das, wie schon beschrieben, im November stattfand.

Ist es wirklich geschehen? Wir sind an einem Punkt angelangt, wo sich die Waage durch das inzwischen vorliegende positive Beweismaterial auf der Seite der Glaubwürdigkeit zu senken beginnt.

# 9

## Der unverhoffte Schlüssel

Nachdem nunmehr alle aus den noch existierenden Schiffsunterlagen ersichtlichen Informationen erschöpfend ausgewertet scheinen, sollten wir unsere Aufmerksamkeit jetzt dem einen Punkt in den Allende-Briefen zuwenden, der schon so viele Interessierte zur Aufgabe ihrer Nachforschungen gezwungen hat, der aber, fände man je eine Bestätigung für ihn, den Schlüssel zu diesem ganzen Rätsel liefern könnte. Der Leser wird sich erinnern, daß Allende in seinem zweiten Brief an Dr. Jessup die Behauptung aufstellte, daß Einsteins Einheitliche Feldtheorie nicht nur zwischen 1925 und 1927 fertiggestellt war, sondern daß die ganze Theorie von der Marine einer „vollkommenen gruppentheoretischen Wiederdurchrechnung ... im Hinblick auf alle und jegliche schnellen Verwendungsmöglichkeiten ... in sehr kurzer Zeit" unterzogen wurde. Wenn man Allende glauben kann, dann waren es die Ergebnisse dieses mathematischen Prozesses, die wahrscheinlich die theoretische Basis für das Philadelphia-Experiment bildeten.

Der Schlüssel, der uns hier möglicherweise in die Hand gespielt wird, ist die große Mühe, die sich Allende gibt, Jessup den Namen des angeblich mit dieser „Wiederdurchrechnung" betrauten Wissenschaftlers zu liefern. Dieser Mann wird als Dr. Franklin Reno identifiziert, und Allende nennt ihn leichthin „mein Freund".

Wenn man diesen Dr. Reno finden und überreden konnte, zu den bereits vorliegenden Ermittlungsergebnissen Stellung zu nehmen, wäre das Rätsel zum Großteil gelöst. Das Problem war bisher gewesen, daß es niemandem gelungen war, Dr. Reno zu finden. Diese Tatsache veranlaßte viele zu der Schlußfolgerung, wenn dieser mysteriöse Mann nicht aufzutreiben war, müsse die ganze Angelegenheit ein Schwindel sein.

Und nun, nach etlichen Jahren beharrlicher Nachforschungen gerade im Hinblick auf diese Seite der Affäre, können die Autoren endlich mit Genugtuung feststellen, daß das Rätsel um die Identität des geheimnisvollen Dr. Reno gelöst ist. Eine geradezu phantastische Geschichte bietet zum ersten Mal einen echten Einblick in das Geheimnis, welches so lange das sogenannte Philadelphia-Experiment umgab. Eine Folge von Ereignissen, die hier erstmals publiziert werden, war zweifellos der Vorläufer jenes streng geheimen Projekts, das sich sehr wohl zu dem Schiffsexperiment großen Stils entwickeln konnte, wie es Allende in seinen zornigen Briefen an Dr. Jessup beschreibt. Die Geschichte selbst ist fast so außergewöhnlich wie die Allende-Briefe.

Hier nun der Kern der Geschichte: Es gab den von Allende als Dr. Franklin Reno bezeichneten Mann nicht nur, sondern er bestätigte vor seinem Tod – er starb etwa ein Jahr vor der Niederschrift dieses Buches – William L. Moore, daß Allendes Aussagen über die Anfänge des später als Philadelphia-Experiment bekannten Projekts der Wahrheit entsprechen.

Der Grund, warum frühere Ermittler sich erfolglos bemühten, diesen Franklin Reno zu finden, ist ganz einfach dadurch erklärt, daß sie einen Mann suchten, der gar nicht Franklin Reno hieß, obwohl ein Hinweis auf Namen und Aufenthaltsort dieses Mannes auf jeder Straßenkarte des Staates Pennsylvania zu finden war!

In der Erdölgegend des nordöstlichen Pennsylvania liegt an der Bundesstraße 62 nicht weit von Oil City die Stadt Franklin – ein friedliches kleines Handelszentrum mit etwa achttausend Einwohnern, Sitz des Kreisamtes von Venango County. Acht Kilometer weiter östlich, noch immer an derselben Straße und etwa auf halbem Weg zwischen Franklin und Oil City liegt das Dorf Reno mit den ausgedehnten Raffinerieanlagen der Wolf's

Head Oil Company. Bis vor ein paar Jahren stand gleich außerhalb von Oil City auf der Richtung Westen führenden Seite der Bundesstraße 62 das Straßenschild, das erklärt, warum so viele eifrige Forscher mit ihren Bemühungen, Allendes mysteriösen „Freund" zu identifizieren, so konsequent erfolglos waren. Auf dem Schild stand:

FRANKLIN 8
RENO 3

– dieselben Wörter, die einen sehr realen Wissenschaftler vor über dreißig Jahren dazu inspirierten, ein sehr wirkungsvolles Pseudonym zu schaffen.

Wenn aber „Franklin Reno" nicht mehr als ein Pseudonym ist, dann ergeben sich folgende Fragen: 1. Wer ist diese reale Person? 2. In welcher Beziehung steht (oder stand) sie zu Carlos Miguel Allende? 3. Könnte sie irgendeinen Beitrag zu dieser Geschichte leisten, und wenn ja, welchen?

Leider ist die ganze Angelegenheit so heikel, daß diese Fragen sogar jetzt noch nicht vollständig beantwortet werden können – aus Gründen, die der Leser im Lauf der Geschichte verstehen wird. Denn obwohl der Mann, den Allende als Dr. Reno kannte, inzwischen verstorben ist, wurde einem der Autoren, William L. Moore, von jenen Beteiligten, die noch am Leben und sehr daran interessiert sind, den status quo aufrechtzuerhalten, strengste Diskretion auferlegt. Folglich hat er sich entschlossen, diesen Mann „Dr. Rinehart" zu nennen; dieser Name wurde ihm in einer kürzlich veröffentlichten fiktiven Version des Philadelphia-Experiments verliehen, die ein weiteres Zeichen für das Zunehmen des öffentlichen Interesses und Bewußtseins im Hinblick auf das „unmögliche" Experiment darstellt.

Bei gleichzeitiger Geheimhaltung von Dr. Rineharts wirklicher Identität kann so viel berichtet werden, daß er nur wenige Jahre vor Morris Jessup geboren wurde, allerdings in einem ganz anderen Teil des Landes. Nachdem er einige Jahre in einer bekannten privaten wissenschaftlichen Institution hervorragende Arbeit geleistet hatte und gleichzeitig seine Dissertation schrieb und den Doktorgrad erwarb, wurde er durch die Depression in den dreißiger Jahren gezwungen, wie so viele andere Wissenschaftler einschließlich Dr. Jessup, in den Dienst der militärwissenschaftlichen Institutionen der amerikanischen Regierung zu treten. Im Lauf des nächsten Jahrzehnts arbeitete er sich hoch und wurde Abteilungsleiter einer bekannten Forschungsanlage. In dieser Eigenschaft kam er mit einem Projekt in Berührung, bei dem alle Anzeichen darauf hindeuten, daß es der Beginn des Philadelphia-Experiments wurde.

Die wirkliche Identität dieses Mannes festzustellen war jedoch ein geringes Problem im Vergleich mit der Aufgabe, ihn nun nach mehr als fünfundzwanzig Jahren zu finden, sein Vertrauen zu gewinnen und ihn zu überzeugen, daß seine Geschichte erzählt werden sollte. Ein Vierteljahrhundert ist Zeit genug für viele Veränderungen – besonders dann, wenn jemand sich entschließt, diese Zeit zu benutzen, sich von seinen Mitmenschen abzusondern.

Das war der Fall mit Dr. Rinehart. Als in ihm die Vermutung hochstieg, daß er mehr wußte, als für ihn (und vielleicht für sein Überleben) gut war, beschloß er, sich vor den Mitgliedern der Gesellschaft, die ihn am meisten zu bedrohen schien, zu verbergen. Er gab, einen halben Kontinent weit entfernt, eine brillante und vielversprechende Karriere auf und ließ sich in einem hübschen kleinen Bungalow zwischen Hügeln nieder. Er führte das Leben eines Einsiedlers, der sich nur selten hinauswagt, um sich mit Lebensmitteln zu versorgen, und noch seltener, um einen Freund oder Kollegen zu besuchen. Hier Moores Bericht:

Wir hatten schon fast ein Jahr miteinander korrespondiert, bevor die Möglichkeit einer persönlichen Aussprache erwähnt wurde, und es dauerte noch einmal mehrere Monate, bis die notwendigen Vorbereitungen getroffen waren. An einem heißen Julinachmittag parkte ich dann meinen Wagen in diskreter Entfernung und ging langsam den Rest des Weges zu seinem Haus, wobei ich mich bemühte, keine unnötige Aufmerksamkeit zu erregen.

Ich erinnerte mich an ein Vorgefühl, daß meine Reise sich vielleicht nach all der Mühe als vergeblich herausstellen würde; denn abgesehen von einem kaputten Rasensprenger, der ganz verloren auf dem braunen, ungemähten Rasenvorplatz stand, machte das Grundstück einen ausgestorbenen Eindruck. Warum, fragte ich mich, sollte jemand bei einer solchen Hitze sein Haus so hermetisch verschlossen halten.

Eine gestreifte Katze räkelte sich faul und öffnete fragend ein Auge, als ich die Veranda betrat, rührte sich aber nicht weiter. Ich klopfte an die Tür, und irgendwo im Haus rührte sich etwas. Dann wurde der Vorhang beiseite geschoben, und Augen, die denen eines Hasen ähnelten, lugten hinter einer Brille mißtrauisch heraus. Nach einer Pause konnte ich das Klirren der Schlüssel hören, die Tür ging auf, und ein spindeldürrer, weißhaariger, aber scharfäugiger alter Herr wurde sichtbar, der versuchte, sich ein unsicheres Lächeln aufzuzwingen.

„Hallo", sagte ich und benutzte die peinliche Pause, um mich vorzustellen. „Ich habe heute früh mit Ihnen telefoniert."

„Ja, ich weiß", war die langsame, aber bestimmte Antwort. „Ich habe Sie erwartet. Wollen Sie nicht hereinkommen?"

Das Haus war klein, aber recht komfortabel und unerwartet kühl – eine willkommene Abwechslung nach der Nachmittagshitze draußen. Ein uralter kleiner Aluminium-Ventilator surrte auf dem Wohnzimmerboden und schickte eine angenehme Brise durch den ansonsten stillen Raum.

„Setzen Sie sich doch", sagte der alte Herr und wies auf ein altersschwaches geschwungenes Sofa in der vorderen Ecke des Raumes.

„Danke", sagte ich und sah mich um. „Sie scheinen hier wirklich eine angenehme Art gefunden zu haben, der Welt aus dem Weg zu gehen. Ich kann mir nicht vorstellen, daß Sie hier viele Besucher haben."

„Wenn ich Besuch haben wollte, wäre ich nicht hier", sagte er und fixierte mich etwas mißtrauisch. „Eigentlich lebe ich hier angenehm genug, wenn man alles in Betracht zieht. Niemand stört mich, und ich störe ebenfalls niemanden. Und dabei soll es auch bleiben."

Nachdem er zunächst eher etwas zurückhaltend sprach, taute Dr. Rinehart dann allmählich auf.

„Sie beobachten mich noch immer, wissen Sie. Es ist tatsächlich schon so weit gekommen, daß ich gewisse Plätze in der Stadt meiden muß. Weil mein Auftauchen dort plötzlich großes Interesse hervorruft – besonders in der Nähe gewisser Gebäude unten bei der Universität. Früher bin ich da gern gelegentlich hingegangen, aber die Sicherheitsbeamten scheinen Befehl zu haben, auf meine Anwesenheit zu reagieren, darum gehe ich eben nicht mehr oft hin. Dasselbe passiert, wenn ich mich für Fahrkarten interessiere. Sobald ich meinen Namen sage, kreuzen die Sicherheitsleute auf. Ich habe es einmal ausprobiert, bloß um zu sehen, ob es nicht vielleicht nur Einbildung war – es war aber keine.

Sie sind also den ganzen weiten Weg hierhergekommen, bloß um herauszufinden, was ich Ihnen über das Schiffsexperiment erzählen kann? Wissen Sie, ich habe eine Menge darüber nachgedacht, seit Sie mir das erste Mal schrieben. Ich bin jetzt ein alter Mann, und das ist alles schon so lange her. Mein Gedächtnis läßt mich ein bißchen im Stich bei manchen Einzelheiten. Aber wenn Sie ein geduldiger Zuhörer sind, dann will ich es mit Ihnen versuchen und ein paar Katzen aus dem Sack lassen – vorausgesetzt natürlich, Sie haben Ihr Versprechen wegen meiner Anonymität nicht vergessen! Das ist wichtiger als alles andere. Man könnte wirklich sagen, daß es in letzter Zeit das Schlüsselwort meiner Lebensweise geworden ist."

„Ich werde mich an mein Versprechen halten", sagte ich und versuchte ein Lächeln, „und bei einer Gelegenheit wie dieser kann ich auch ein sehr geduldiger Zuhörer sein." Ich wartete.

Er musterte mich einen Moment, wie um die letzten lauernden Zweifel darüber, was er mir erzählen sollte, zu verscheuchen. Dann lehnte er sich in seinen Sessel zurück und begann, eine der seltsamsten Geschichten zu erzählen, die ich jemals hörte.

„Sie wissen natürlich", begann er, „daß ein Experiment mit einer Idee beginnt, dann wird ein Vorschlag daraus – der vielleicht schon rechnerisch geprüft ist –, dann ein Projekt und zum Schluß ein Experiment – oder mehrere Experimente – im üblichen Sinn. Mit diesem hier hatten am Anfang nur sehr wenige Leute zu tun. Die meisten hatten diverse vordringliche Verpflichtungen, von denen sie sich erst befreien mußten."

Er machte wieder eine Pause, wahrscheinlich um nachzudenken, wie er fortfahren sollte. Als er weitersprach, kamen die Worte nur langsam und schienen genau gewählt zu sein.

„Die Einheitliche Feldtheorie", begann er wieder, „ist eine unvollendete Struktur geblieben, sogar heute noch. Niemand kann meiner Meinung nach wirklich behaupten, eine vollkommene Wiederdurchrechnung dieser Theorie durchgeführt zu haben. Natürlich gab es Beiträge mit diesem Ziel und einige Aufsätze mit diesem Titel, aber auch die Substanz dieser Aufsätze ist nicht vollständig in dem Sinn, wie die Relativitätstheorie vollständig und die Allgemeine Theorie gründlich entwickelt ist. Verstehen Sie mich recht, das ist meine persönliche Auffassung."

Wieder eine Pause, und dann kam der Knalleffekt:

„Ich habe mir das überlegt", sagte er, „und konnte feststellen, daß mir ein paar klar umrissene Eindrücke von Ideen und Berechnungen für ein Projekt im Gedächtnis geblieben sind, das sich möglicherweise durchaus zu einem Schiffsexperiment großen Stils entwickelt haben kann."

Er hält mit etwas zurück, dachte ich. Ich erkannte das daran, daß er seine Worte vorsichtig und genau wählte.

„Ich erinnere mich an Konferenzen während des Krieges, an denen Marineoffiziere teilnahmen. Im Zusammenhang mit dem Projekt, an dem Sie interessiert sind, sagt mir mein Gedächtnis, daß es viel früher als 1943 begonnen haben muß, vielleicht schon 1939 oder 1940, als Einstein sich mit Ideen der theoretischen Physik befaßte, die ihm Physiker und andere Leute vorlegten, die dabei eine militärische Anwendung im Sinne hatten ... Wenn ich mich an eine Anzahl [von Ereignissen] erinnere, glaube ich, daß ich mit einem gewissen Grad an Bestimmtheit sagen kann, daß die Urheber des Vorschlags Einstein und [Rudolf] Ladenburg waren. Ich weiß nicht, wen man an erster Stelle nennen soll; und wenn die Urheber X, Einstein und Ladenburg waren, so fällt mir doch jetzt nicht ein, wer X gewesen ist. Ich weiß aber, daß Professor Ladenburg ... Einstein schon seit 1908 aus der Schweiz kannte. Er war ein schweigsamer, übergenauer Mensch mit den Manieren eines alten preußischen Adligen; aber er wurde von den Kollegen zutiefst respektiert, als ein gelassener einsamer Denker und Arbeiter."

Im Verlauf dieser Enthüllungen war Rinehart aufgestanden und lugte nun nervös durch einen kleinen Spalt in der Jalousie aus dem Fenster. Offenbar befriedigt, daß unser Alleinsein nicht gestört zu werden drohte, setzte er seine Erzählung fort.

„Um auf Ladenburg zurückzukommen: Er war ein Experte auf dem Gebiet von Minen und Torpedos und von Abwehrmaßnahmen gegen diese Waffen. Ich kann mich da besonders an eine Konferenz oder ein Kolloquium erinnern, wobei die mögliche Entwicklung einer neuen Waffe der Deutschen diskutiert wurde. Mein Vorgesetzter, der Physiker Dr. W. W. Albrecht [Pseudonym], wurde ungeduldig wegen einer nicht gerade glänzenden Idee, die ein paar Leute von Rang und Namen vorgebracht hatten. Albrecht unterbrach die Diskussion und wandte sich an Ladenburg als dem einzigen Mann hier, der Erfahrung mit dem deutschen Militär hatte, da er im Ersten Weltkrieg U-Boot-Kommandant oder dergleichen war. Ich habe den Verdacht, daß er diese Bemerkung vor allem wegen ihrer möglichen Schockwirkung und weniger als Feststellung einer Tatsache machte. Ich bin mir nicht sicher, ob Ladenburg jemals U-Boot-Kapitän war; aber das machte gar nichts, denn die Taktik als solche hatte Erfolg. Ladenburg erhob sich in seiner steifen Art und legte in einigen gut fundierten Sätzen dar, was die Deutschen hatten und was sie tun konnten. Die Leute von Rang und Namen verstummten prompt, und die Konferenz ging weiter. Später machte jemand mir gegenüber die Bemerkung, daß man hätte meinen können, Ladenburg sei geradenwegs von der deutschen Front gekommen."

Rinehart kicherte leise in sich hinein und fuhr fort:

„Ladenburg hatte im Physikerlaboratorium von Princeton den ganzen Sommer und Herbst 1939 an Kernspaltungsexperimenten gearbeitet. Ich glaube, ich habe irgendwo gelesen, daß angenommen wurde, er habe mit Einstein darüber diskutiert. Auf jeden Fall erinnere ich mich, daß es ungefähr 1940 war, und der Vorschlag, den ich im Zusammenhang mit dem späteren Schiffsprojekt bringe, war angeblich das Ergebnis einer Besprechung zwischen Ladenburg und Einstein über die Anwendung elektromagnetischer Felder zur Minen- und Torpedoabwehr ... und Einstein selbst hat den Vorschlag verfaßt ... Einstein und Ladenburg waren immer vorneweg, wenn es darum ging, Projektvorschläge vorzulegen, aber gegenüber den hohen Tieren hielten sie sich lieber im Hintergrund. Von Neumann [Dr. John von Neumann, 1903 bis 1957, früher Pionier des Digitalcomputers und bekannter Mathematiker] war ein bescheiden wirkender Mann, der es interessant fand, die Mächtigen zu beeinflussen und zu aktivieren. Im Zusammenhang mit einem bestimmten Vorschlag, wahrscheinlich sogar mit dem, der Sie interessiert, fragte ihn einmal so ein Lamettaträger von der Marine, ob er eigentlich über diesen oder über den nächsten Krieg spreche ...

Na, jedenfalls war es von Neumann, der mit Albrecht über diesen Vorschlag sprach, und es war einer dieser beiden, der vom Marine-Forschungslabor soviel wie eine Zusage über eine künftige Zusammenarbeit erhalten konnte. Dieser Vorschlag überschnitt sich teilweise mit Ideen, die der Physiker R. H. Kent [Robert Harrington Kent, 1886 bis 1961, bekannter amerikanischer theoretischer und Forschungs-Physiker] viele Jahre früher im Verlauf der Planung und experimentellen

Arbeit mit dem Solenoidchronograph entwickelt hatte. Wenn Sie an das Prinzip des Solenoidchronographen denken, wird Ihnen klar, warum die Arbeit damit alle Arten von Ideen über Aufspüren von und Verteidigung gegen Raketen durch Anwendung des elektromagnetischen Feldes anregen kann."

Rinehart war offensichtlich der Meinung, daß ich wußte, was ein Solenoidchronograph ist. Leider wußte ich es nicht, doch eine Unterbrechung an diesem Punkt schien mir nicht angebracht. Er erzählte weiter:

„Ich glaube, Kent war der Erfinder des Solenoidchronographen. Oder zumindest war er derjenige, der maßgeblich an seiner Entwicklung beteiligt war, und der erste, der ihn zum Messen des genauen Luftwiderstandkoeffizienten von Geschossen bei hoher Mach-Zahl benutzte. Um das Prinzip zu erklären, pflegte er ein magnetisiertes Stück Eisen durch den Solenoidchronographen fallen zu lassen und dann die Stromwellenform auf einem Oszillographen zu zeigen. Wenn unter den Zuhörern Physiker waren, ließ er auch den Solenoid an dem Eisenstück vorbeifallen und erhielt die gleichen Resultate. Und dann sagte er: ‚Sehen Sie, die Gesetze der Physik sind dieselben für jedes Paar von Trägheitskoordinatensystemen'. Das war natürlich Einsteins zweite Grundvoraussetzung in seiner Abhandlung über die Relativität aus dem Jahr 1905.

Es kursierte einmal ein Gerücht, wonach Kent, als er erfuhr, daß von Neumann Interesse für ein solches Projekt zeigte, versucht hat, ein paar Notizen wiederzufinden, die er anno dazumal über das gleiche Thema verfaßt hatte. Der Story zufolge, die ich von einem Freund habe, der damals in Kents Abteilung unten in Maryland arbeitete, waren seine Akten schon mehrmals von einem Büro ins andere übersiedelt worden, und so konnte das, was er meinte, nicht sofort gefunden werden. Kent soll daraufhin die gesamte Bürobelegschaft dazu gebracht haben, bei der Suche zu helfen – und dabei wurde buchstäblich das Oberste zuunterst gekehrt, und es war ein Riesenschlamassel. Na, jedenfalls wurden schließlich ein paar uralte vergilbte Zettel ausgegraben und ihm triumphierend vorgelegt. Nach diesem Zwischenfall sprach Kent als nächstes mit Physikern und Ingenieuren, die er schon seit Jahren kannte, möglicherweise schon aus seiner Harvard-Zeit, wahrscheinlich aber durch die Zusammenarbeit im Ersten Weltkrieg oder kurz danach. Einer davon war, glaube ich, Professor Charles M. Allen."

„Allen?" Ich sprang auf. „Irgendein Zusammenhang mit dem *Carl* M. Allen in unserer Korrespondenz?"

Rinehart starrte mich an und lachte dann. „Nein", sagte er, „das glaube ich kaum. Nicht *Carl* Allen . . . *Charles* Allen. Charles Metcalf Allen, glaube ich. Er war damals Professor für Hydraulik am Politechnikum in Worcester. Wußte sehr viel über Schiffe, Modelle, Minen und so weiter und hätte einen guten Gesprächspartner abgegeben, mit dem man Ideen diskutieren konnte. Ich muß zugeben, daß ich über die Ähnlichkeit der Namen noch nicht nachgedacht habe; aber nein, ich glaube wirklich nicht, daß da eine Beziehung besteht. Keine enge jedenfalls. Professor Allen war damals schon ein alter Mann und ziemlich berühmt. Er muß zu Beginn des Krieges mindestens siebzig gewesen sein.

Wenn ich jetzt darüber nachdenke, bin ich fast sicher, daß die Idee, das für experimentelle Zwecke notwendige elektromagnetische Feld mittels des Resonanzprinzips zu erzeugen, auch zuerst von Kent kam – möglicherweise als Resultat dieser Besprechungen mit Professor Allen. Ich erinnere mich an einige Berechnungen darüber in bezug auf ein Modellexperiment [das heißt, ein Experiment, das mit Modellen in verkleinertem Maßstab statt mit wirklichen Schiffen durchgeführt wird], das seinerzeit in Aussicht genommen war. Ich habe den Eindruck, daß die Marine nicht lange nach diesen Diskussionen zwischen Kent und Allen einhakte. Es erscheint mir auch wahrscheinlich, daß erst zu einem späteren Zeitpunkt die ‚Radar-Irreführung' im Zusammenhang mit diesem Projekt besprochen wurde. Ich erinnere mich vage daran, im Zusammenhang mit irgendeiner Konferenz.

Um wieder zum Thema zu kommen. Es war höchstwahrscheinlich von Neumann, der die Idee für ein solches Projekt dem Amt unterbreitete, das damals, Ende neununddreißig/Anfang vierzig, als National Defense Research Committee (NDRC) bekannt war; und anscheinend unterstützte ihn Professor Kent nachdrücklich mit seinem Vorschlag. Ich kam mit der Sache erst in Kontakt, als diese ersten Schritte schon getan waren und das NDRC sein Interesse bekundet hatte, die Angelegenheit weiterzuverfolgen."

„Ich frage mich", unterbrach ich ihn, „was der Grund für das Interesse an einem solchen Projekt sein konnte; was glauben Sie?"

„Das ist leicht zu beantworten", erwiderte er. „Das war von Anfang an ein reines Verteidigungsprojekt und keinesfalls ein Versuch, Offensivwaffen zu entwickeln. Die ursprüngliche Idee schien darauf abzuzielen, starke elektromagnetische Felder zu benutzen, um nahende Geschosse, vor allem Torpedos, vom Schiff abzulenken, indem um dieses Schiff herum ein intensives elektromagnetisches Feld hergestellt wurde. Später wurde das noch erweitert, und zwar umfaßte es dann eine Studie über die Idee, mittels eines gleichen Feldes optische Unsichtbarkeit in der Luft statt im Wasser zu erzeugen.

Eines Tages, wahrscheinlich Anfang 1940, kam Dr. Albrecht, mein Chef, früh um acht Uhr in sein Büro und fand dort zwei oder vielleicht auch drei Besucher vom NDRC vor, die schon auf ihn warteten. Nun war das kein besonders ungewöhnliches Ereignis, also machte ich mir weiter keine Gedanken darüber, bis etwa um neun Uhr dreißig Captain Gibbons den Kopf bei der Tür hereinsteckte. Er hob einen Finger, ein Signal für mich, hinaus auf den Gang zu kommen, da er mir etwas mitzuteilen hatte, was er nicht vor der ganzen Belegschaft sagen konnte. Ich erinnere mich deshalb daran, weil ich gerade mit einer ziemlich komplizierten theoretischen Arbeit zu tun hatte und eben dabei war, mit einem Computer zu telefonieren. [Dies war noch in der Vor-Computerzeit. Der hier erwähnte „Computer" war eine Person, die besonders gut im Kopfrechnen war.]

Mir war klar, daß es sich um etwas ziemlich Wichtiges handeln mußte, also unterbrach ich meine Arbeit und ging hinaus auf den Gang. Gibbons brachte mich zum Chefbüro, wo eine Konferenz in Gang war, an der einerseits die zwei (oder waren es drei?) NDRC-Leute und anderseits Dr. Albrecht und Dr. von Neumann teilnahmen. Von Neumann blieb allerdings nicht sehr lange. Der Zweck seiner Anwesenheit war vielleicht nur gewesen, Albrecht die NDRC-Leute vorzustellen und kurz zu umreißen, worum das Ganze ging. Er wurde oft damit betraut, Botschaften von und nach Washington zu bringen, die mit dem NDRC und mit militärischen Projekten zu tun hatten, also wäre das auch in diesem Fall eine ganz normale Rolle für ihn gewesen, selbst wenn er keinerlei persönliches Interesse gehabt hätte. Dabei sollten allerdings die offensichtlichen Vorteile nicht übersehen werden, die man in einer solchen Position hat, wenn man Ideen fördern will, an denen man selbst interessiert ist – und das schließt dieses Projekt mit ein. Na, jedenfalls ging er, kurz nachdem ich gekommen war."

Rinehart war wieder aufgestanden, um zum Fenster hinauszusehen. Anscheinend zufrieden mit dem, was er sah (oder was er nicht sah), nahm er seine Erzählung wieder auf.

„Als ich hereinkam, war eine erregte Debatte über das im Gange, was dann schließlich zu dem Projekt wurde, für das Sie sich interessieren. Albrecht gehörte zu den Leuten, die sich verpflichtet fühlen, bei einer Diskussion unter allen Umständen dabeizubleiben, und wenn er irgendwelche Berechnungen brauchte, schickte er nach jemandem, statt die Gesprächsrunde zu verlassen und es selbst zu tun. Anscheinend glaubte er, ich sei der einzige mit genügend Kenntnissen in Schwerkraft und Relativität, um ohne viel zu fragen die mathematischen Resultate erzielen zu können, die er in aller Eile wollte – also wurde ich hereingerufen.

Albrecht hatte zwei oder drei Blatt Papier vor sich liegen, und auf einem war die kleine, verschnörkelte Handschrift zu sehen, die nur für Albert Einstein charakteristisch war. Er wollte, daß ich mir die Blätter ansehe, während er weiter mit diesen Leuten sprach. Er versuchte, mit ihnen weiterzureden, und gab mir gleichzeitig Instruktionen, was ich zu tun hätte. Auf einem der Blätter hatte er eine Strahlungswellengleichung, und auf der linken Seite waren ein paar unvollendete Kritzeleien. Außerdem schob er mir noch einen ziemlich detaillierten Bericht über Entmagnetisierungseinrichtungen der Marine zu und tippte mit dem Finger hierhin und dorthin, während ich mit dem Bleistift markierte, wo er hinzeigte. Dann sagte Albrecht, ich sollte mal sehen, was gebraucht würde, um eine Krümmung des Lichts von, oh, ich glaube zehn Prozent zu erreichen, und ich sollte versuchen, es so vollständig auszuarbeiten, daß man es in einer oder zwei Tabellen zusammenfassen könnte. Ich fragte, ‚wieviel Zeit habe ich dafür?', und er sagte, ‚nicht lange'. Dann sah er die anderen an, und sie begannen wieder zu reden."

„Ich glaube", fuhr er fort, „daß sich die Diskussion an diesem Punkt den Prinzipien der Resonanz zugewandt hatte und wie die intensiven Felder, die für ein solches Experiment nötig wären, unter Verwendung dieses Prinzips zustande gebracht werden könnten. Ich bekam keine richtige Antwort, wieviel Zeit ich zur Verfügung hatte, aber Albrecht bedeutete mir, hinauszugehen und mich an die Arbeit zu machen; also ging ich zurück, den Gang entlang und zu Captain Gibbons, und sagte zu ihm: ‚Was glauben Sie, wann muß W. W. [Albrecht] das hier haben?' Gibbons dachte einen Moment nach und sagte: ‚Ich werde sie in den Offiziersclub führen, dann haben Sie auch die Mittagszeit zur Verfügung, aber nicht mehr. Also um eins oder zwei, nicht später.'

Albrechts Notizen waren nicht leicht zu entziffern, und ich glaube, daß jemand mit weniger mathematischem und theoretischem Wissen als ich verloren gewesen wäre. Ich konnte wenigstens erkennen, worauf er hinauswollte. Das heißt natürlich nicht, daß es in der Abteilung nicht noch andere Leute gegeben hätte, die das nicht genauso gut erledigen konnten, wenn sie genügend Zeit dafür hätten, aber Albrecht wollte gleich Zahlen sehen, und darum wurde das mir überlassen.

Das muß ein schnelles Essen gewesen sein, denn Gibbons war um ein Uhr fünfzehn schon wieder da, und ich steckte noch mitten drin. Ich erklärte ihm, ich wolle ein Memo und eine maschingeschriebene Abschrift machen und daß ich das bis drei Uhr fertig haben würde, wenn er die anderen so lange aufhalten könnte. Gibbons sagte, so ginge das nicht, und daß es absolut keine getippte Abschrift geben dürfe. Es sollte so bleiben wie es war, mit Bleistift geschrieben. ‚Wunder', sagte ich, ‚immer wollen sie Wunder! . . . Hören Sie, geben Sie mir noch zwanzig oder fünfundzwanzig Minuten, und ich will sehen, was ich tun kann.' Gibbons war darüber nicht sehr glücklich, aber was sollte er schon tun, wenn er Resultate wollte. Also bekam ich meine zwanzig Minuten.

Irgendwie habe ich dann zwei kleine Tabellen und ein paar erklärende Sätze zustande gebracht, in Form eines Memos. Wir gingen zu Albrecht hinein, der sich alles ansah und sagte: ‚Sie haben das in bezug auf die Intensitäten [des Feldes] bei verschiedenen Entfernungen von der Breitseite [des Schiffes] gemacht, aber an Bug und Heck scheinen Sie gar nichts aufzunehmen.' Albrecht war immer ein Pedant gewesen. Ich hatte diese Einzelheiten nicht berücksichtigt, weil ich nicht genau wußte, was er wirklich wollte, und weil mehr Arbeit damit verbunden war, als Zeit zur Verfügung stand. Alles was ich zu bieten hatte, waren die Punkte der größten Krümmung gleich außerhalb der Breitseite des Schiffes, gegenüber diesen Anlagen. Mein Problem war, mich darüber zu orientieren, was Albrecht wollte. Einsteins Notizen waren bei weitem klarer als jene Albrechts, aber ich hätte nie gewagt, ihm das zu sagen."

„Wenn ich jetzt so überlege", meinte er nachdenklich, „ist es möglich, daß von Neumann an diesem Tag zufällig im Büro war und daß Oswald Veblen [einer von Dr. von Neumanns Mitarbeitern] es heruntergebracht hatte. Es ist aber auch möglich, daß die NDRC-Leute es selbst mitgebracht hatten. Albrecht wollte genügend Unterlagen, um die Stärke des

Feldes und die praktische Wahrscheinlichkeit zu verifizieren, das Licht derart zu krümmen, daß der gewünschte ‚Luftspiegelungs- oder Fata-Morgana-Effekt' erzielt werden konnte. Bei Gott, sie hatten ja keine Ahnung, was dabei schließlich herauskommen würde! Hätten sie das geahnt, wäre die Sache dort damit zu Ende gewesen. Aber natürlich wußten sie es nicht.

Die treibenden Kräfte waren zu diesem Zeitpunkt, glaube ich, das NDRC und jemand wie Ladenburg oder von Neumann, der mit diesen Ideen herauskam und keinerlei Hemmungen hatte, darüber zu reden, bevor er überhaupt irgendwelche Berechnungen anstellte. Sie sprachen mit Einstein über diese Sache, und Einstein überlegte und ging sogar so weit, die Größenordnung auszurechnen, die er für die Intensität brauchen würde, und dann sprach er mit von Neumann darüber, welche Einrichtungen am besten geeignet waren, sich das in der praktischen Anwendung anzusehen. Und so wurden wir dann hineinverwickelt. Ich weiß nicht sicher, wann das Naval Research Laboratorium hineingezogen wurde, aber ich erinnere mich, daß Commander Parsons, einer der Spitzenwissenschaftler der Marine, recht oft mit Albrecht sprach, und es ist möglich, daß dabei auch die Verwendung eines Schiffes zur Sprache kam.

Das einzige, was ich dabei schriftlich festhielt, war die Zusammenstellung der paar gekritzelten Gleichungsfragmente von Albrecht und einige kleine Tabellen. Ich kann mich noch an ein paar Gelegenheiten erinnern, spätere Besprechungen, in denen Erweiterungen dieser meiner Gleichungen gebraucht wurden, und so kam es, daß ich gewissermaßen auf dem laufenden darüber blieb, was in anderen Kreisen vorging, obwohl ich selbst nicht direkt damit zu tun hatte."

Ich fragte: „Erinnern Sie sich, wie der Deckname des Projekts gelautet haben könnte?"

Rinehart dachte einen Moment nach. Als er antwortete, hatte ich wieder den Eindruck, daß er seine Worte sehr sorgfältig wählte.

„Sie werden sich erinnern", sagte er, „daß Albrecht und Gibbons darauf bestanden, daß es keine Kopien geben durfte, sondern nur mit Bleistift geschriebene Memos und keine maschingeschriebenen oder Durchschläge. Ich glaube, ich erinnere mich, daß ich einmal den Ausdruck ‚Ablenkung' in einer Überschrift verwendete, ja, das weiß ich noch. Ich weiß auch noch, daß ich einmal zu einem etwas späteren Zeitpunkt während irgendeiner Besprechung vorschlug, daß es doch ein viel einfacherer Weg sei, ein Schiff verschwinden zu lassen, wenn man einen leichten Luftschleier verwendete, und ich fragte mich, warum eine so komplizierte theoretische Angelegenheit erwogen wurde. Albrecht nahm seine Brille ab und meinte, das Problem mit mir wäre, daß ich eine Gabe dafür hätte, an jedem Konferenztisch die anderen vom Thema abzubringen. Ein Deckname würde vom NDRC gewählt worden sein, aber wahrscheinlich gab es zu dieser Zeit noch keinen. Ich kann mich nicht erinnern, ob mir später je ein Deckname für dieses Projekt bekannt wurde oder nicht, obzwar sich irgendwo in meinem Gedächtnis die Worte ‚Regenbogen' oder ‚Fata Morgana' damit verbinden zu scheinen wollen. Das Gedächtnis ist etwas Vages, und ich kann mich da sehr täuschen. Ich erinnere mich einfach nicht mehr.

Ich weiß, daß ich noch bei mindestens einer anderen Konferenz war, bei der dieses Thema auf der Tagesordnung stand. Dabei versuchten wir, die – für uns – offensichtlicheren Nebenwirkungen klarzustellen, die durch ein solches Experiment hervorgerufen würden. Dabei ging es um ‚siedendes' Wasser, um Ionisierung der umgebenden Luft und sogar um eine ‚Zeemanisierung' der Atome; all das würde zu extrem unsicheren Bedingungen führen. Aber niemand hat zu dieser Zeit die Möglichkeit von interdimensionalen Effekten oder Masseverschiebungen in Betracht gezogen. 1940 verwiesen die Wissenschaftler solche Sachen höchstens in den Bereich der Science Fiction. Jedenfalls wurde ich dann irgendwann während dieser ganzen Angelegenheit von Albrecht ordentlich zusammengestaucht, und er sagte soviel wie ‚warum lassen Sie die Experimentierer nicht in Frieden, so daß sie mit ihrem Projekt weiterkommen können. Dafür haben wir sie ja schließlich.‘

Eines der größten Probleme bestand darin, daß die vom Feld verursachte Ionisierung dazu neigte, eine ungleichmäßige Brechung des Lichts zu verursachen. Die ursprünglichen Konzepte, die sie uns vor der Konferenz herunterbrachten, waren recht hübsch und sauber dargestellt, aber sowohl Albrecht als auch Gleason und ich warnten davor, daß nach unseren Berechnungen das Ergebnis nicht etwa ein gleichbleibender Luftspiegelungseffekt sein würde, sondern mehr eine vor- und zurückwallende Verschiebung, verursacht durch gewisse, dem Wechselstromfeld eigene Tendenzen, eher einen verworrenen Bereich als die vollkommene Abwesenheit von Farbe zu schaffen. ‚Verworren‘ mag wohl eine Untertreibung gewesen sein, aber damals schien es der angemessene Ausdruck zu sein. Unmittelbar außerhalb dieses verworrenen Bereichs sollte ein Flimmern auftreten, und weiter draußen müßte ein statisches Feld sein. Na, jedenfalls gaben wir eine Warnung ab, die schließlich beim NDRC landete, daß all dies berücksichtigt werden müßte und daß man die ganze Sache mit größter Vorsicht behandeln sollte. Wir meinten auch, wenn man sich genug Mühe geben würde, könnten einige dieser Probleme bewältigt werden . . . und daß wahrscheinlich eine resonante Frequenz zu finden sein müßte, die möglicherweise die sichtbaren internen Schwingungen steuern könnte, so daß das Flimmern stark verlangsamt würde . . . Ich weiß nicht, wie weit die Leute jemals gekommen sind, die sich mit diesem Aspekt des Problems befaßten.

Ich kann mich noch an ein paar spätere Besprechungen über dieses Thema erinnern, aber in bezug auf Einzelheiten ist mein Gedächtnis eher verschwommen. Etwa anderes weiß ich jedoch noch ganz deutlich, daß man nämlich während einiger Wochen nach dem Meeting in Albrechts Büro ständig von uns Tabellen verlangte, die mit den resonanten Frequenzen des Lichts im sichtbaren Bereich zu tun hatten. Oft gab es keinerlei Erklärung dazu, aber es scheint doch, daß da eine Beziehung bestand."

Rineharts Blick schweifte nervös durch den Raum, so als ob er vielleicht schon zuviel gesagt hatte, aber er fuhr fort.

„Ich versuche ständig, C. M. Allen mit den Modellversuchen in Zusammenhang zu bringen. Diese könnten übrigens im Taylor Modellbecken ausgeführt worden sein; vielleicht aber auch nicht, denn ich bin mir nicht sicher, ob die Voraussetzungen dafür in dieser Anlage noch existierten oder nicht. Ein Teil der Arbeit wurde bestimmt in der Anacostia Bay gemacht – das war der Schauplatz der meisten frühen Radararbeiten."

„Wie, glauben Sie, haben die es angestellt, ein Schiff zu bekommen, um das tatsächlich auszuprobieren?" fragte ich. „Da muß doch irgendwo irgendwer ziemlich waghalsig gewesen sein."

„Das ist eine gute Frage. Ich habe schon überlegt, ob ich Ihnen meine Vermutung mitteilen soll, daß Captain Parsons [William S. Parsons, derselbe Mann, der an Bord des Flugzeugs *Enola Gay* die Atombombe scharf machte, bevor sie 1945 über Hiroshima abgeworfen wurde] eine Rolle dabei gespielt haben könnte, daß dieses Projekt als wirkliches Schiffsexperiment und nicht nur einfach als Modellexperiment durchgeführt werden konnte . . . Ich erinnere mich, daß etwa 1939 bei einer Konferenz über irgendein anderes Projekt meine Vorgesetzten meinten, daß niemand außer Parsons das Bureau of Ships dazu bringen konnte, den Probelauf eines neuen Instruments an Bord eines Schiffes zu gestatten . . . Zu der Zeit war Captain Parsons noch Fregattenkapitän Parsons und der hervorragendste aller Absolventen der Marine-Akademie mit dem Status eines Forschungswissenschaftlers. Er pflegte bei Konferenzen mit einem Gefolge von zwei oder drei Leutnants aufzukreuzen, an die ich mich aber nur noch schwach erinnere . . .

Das Handelsschiff übrigens, von dem Sie andeuteten, daß es vielleicht als Beobachterschiff benutzt wurde . . . also, ich glaube, daß Admiral Jerry Land hier vielleicht behilflich war, der Leiter der US Maritime Commission. Er war zwar ein eher hartgesottener Typ, aber zu Hilfestellungen bereit – besonders dann, wenn die Marine diese Hilfe verweigerte. Es gab da beispielsweise zahlreiche Gelegenheiten, wo wir bei der USMC erfolgreich durchsetzen konnten, daß sie uns den Probelauf von Versuchseinrichtungen an Bord von Handelsschiffen erlaubten, während wir die Kriegsmarine nicht dazu überreden konnten, ihre Schiffe dafür herzugeben.

Bei dieser speziellen Art von Versuchsprojekten glaube ich sicher, daß Admiral Land dringend gebeten wurde, ein Schiff mit Mannschaft zur Verfügung zu stellen, mit dem nichts schiefgehen konnte. Einer meiner Freunde erzählte mir, daß man sich um eine gute Auswahl bemühte, um Admiral Land nicht vor der Marine zu blamieren. Meinem Freund zufolge war es durchaus möglich, daß die Mannschaft für dieses Schiff aus besonders ausgesuchten Leuten bestand, von denen zumindest einige Veteranen der Murmansk-Offensive waren und folglich zu den Mutigsten gehörten."

Und damit endet der wesentliche Teil von Dr. Rineharts faszinierender Geschichte – bis auf eine weitere Information, die wir in einem der folgenden Kapitel behandeln. Nach diesem Interview, das den größten Teil des vorstehenden Materials lieferte, hielt ich weiterhin mehr oder weniger regelmäßig Kontakt mit Dr. Rinehart, bis zu seinem unerwarteten Ableben etwas mehr als fünf Monate später. Im großen und ganzen waren diese Kontakte mehr freundschaftlicher als beruflicher Art, doch gelegentlich kam dabei auch ein bis dahin vergessenes Stückchen Information zutage, das sich dann noch als nützlich oder interessant erwies. Eines davon ist es wert, hier als eine Art Postscriptum wiedergegeben zu werden.

Diese Geschichte betrifft einen der zahlreichen amerikanischen Wissenschaftler deutscher Herkunft, die vor Hitlers Machtübernahme in Deutschland gearbeitet hatten und vor der drohenden Verfolgung nach Amerika geflüchtet waren. Es hatte den Anschein, als ob das Kriegsministerium eine besondere Vorliebe für einige dieser Wissenschaftler hegte und bestrebt war, mit ihnen mehr oder weniger regelmäßig Beratungen abzuhalten, um herauszufinden, an welchen wissenschaftlichen Entwicklungen ihrer Ansicht nach die Deutschen vermutlich arbeiteten.

In einem der letzten Briefe, die ich von Dr. Rinehart erhielt, erinnert er sich an eine bestimmte Konferenz, in welcher der betreffende deutsche Wissenschaftler von einem der Marineoffiziere im Zusammenhang mit einem der zur Debatte stehenden Themen gefragt wurde, ob er glaube, daß die Deutschen an etwas ähnlichem arbeiteten.

Laut Dr. Rinehart zögerte der Wissenschaftler nur einen Moment, bevor er mit seinem starken Akzent, aber in grammatikalisch perfektem Englisch antwortete, der „Herr Offizier" müsse sich darüber im klaren sein, daß man zwar das amerikanische Marinepersonal vielleicht berechtigterweise als Duckmäuser in bezug auf gewisse Dinge bezeichnen könnte, daß es aber unendlich viel besser sei als die deutsche Marine in anderen Dingen – zum Beispiel im vorliegenden Fall. „Wenn es jemand wagen würde, der deutschen Marineführung ein solches Projekt vorzuschlagen", hatte der deutsche Wissenschaftler erklärt, „hätte man ihn höflich, aber bestimmt daran erinnert, daß er seine Zeit besser damit verbringen solle, über Angriffswaffen nachzudenken statt über Verteidigungsmaßnahmen gegen einen schwächeren Feind."

All das verstärkt den Eindruck, daß da tatsächlich ein Projekt in Arbeit war, das sich leicht zu etwas in der Größenordnung des Philadelphia-Experiments entwickeln konnte – und es wahrscheinlich auch tat.

Doch eine wichtige Frage bleibt offen: Wie hat Carlos Allende es fertiggebracht, so viele Einzelheiten über diese offenbar sehr komplizierten und streng geheimen Vorgänge in Erfahrung zu bringen, daß er seinen dritten Brief an Dr. Jessup schreiben konnte?

Leider ist unser Puzzle noch nicht vollständig genug, um zu einer konkreten Antwort auf diese Frage zu gelangen. Das schließt jedoch nicht aus, auf der Basis von Dr. Rineharts Informationen zu diesem Thema die bestmöglichen Vermutungen anzustellen.

Wie wir dargelegt haben, kann es keinen Zweifel geben, daß der Mann, der sich Carlos Allende nennt, tatsächlich als Seemann auf der S. S. *Andrew Furuseth* diente. Nach allem, was wir jetzt wissen, erscheint es fast sicher, daß er wirklich Zeuge von zumindest einigen der in seinen Briefen geschilderten Vorgänge war. Daß diese Vorfälle ihn zutiefst verwirrten, ist einleuchtend.

Davon ausgehend können wir mit Sicherheit vermuten, daß es sein Hauptanliegen wurde, eine logische Erklärung für das zu finden, was er gesehen hatte. Zumindest legte er großen Wert darauf, das Thema mit jedem wissenschaftlich Gebildeten zu diskutieren, den er traf. Und da er es sich zur Gewohnheit machte, öffentliche Vorträge über wissenschaftliche Themen zu besuchen, um an möglichst viele solcher Leute heranzukommen, eignete er sich dabei höchstwahrscheinlich ein ziemliches Maß an Wissen an – eine Art Selbsterziehung in Sachen Wissenschaft.

Den Stein der Weisen fand er dann, als ein zufälliges Zusammentreffen zu einer kurzen, aber höchst fruchtbaren Bekanntschaft mit Dr. Rinehart führte, dem einen Mann, der ihn über einige der Einzelheiten des Schiffsexperiments aufklären konnte, die seine Gedanken seit langem bedrückt hatten. Zwar wollte Dr. Rinehart nicht zu viele Details der Affäre preisgeben, um die offizielle Geheimhaltung nicht zu gefährden, trotzdem ließ er die Katze weit genug aus dem Sack, um Allende in größte Besorgnis darüber zu versetzen, daß in den Köpfen mancher Militär-Wissenschaftler noch immer Ideen herumspukten, die zu weiteren derartigen Forschungen führen konnten. Als dann nicht viel später Jessups *The Case for the UFO* herauskam, begann Allende zu fürchten, daß dieses Buch möglicherweise die Kugel wieder ins Rollen bringen würde.

Seine Furcht schlug in reines Entsetzen um, als er kurz nach seinen Gesprächen mit Dr. Rinehart und der Lektüre von

Jessups Buch einen von Jessups Vorträgen besuchte. Als Jessup im Lauf dieses Vortrags sein Publikum aufforderte, sich für ein größeres Budget und mehr Forschungsarbeit der Regierung im Hinblick auf die Einheitliche Feldtheorie einzusetzen, war Allende niedergeschmettert. In dieser Geistesverfassung schrieb er seinen zweiten Brief an Dr. Jessup, in dem er die Fakten über die Geschehnisse darlegte, deren Zeuge er im Krieg geworden zu sein glaubte, um dann in plastischen Details die möglichen Folgen einer solchen Forschung zu schildern.

Allende konnte nicht wissen, daß sein „Freund Dr. Franklin Reno" regelmäßig ein Pseudonym benutzte, zu dem ihn ursprünglich ein Straßenschild inspiriert hatte. Er hatte auch keine Ahnung, daß er durch seine Erwähnung in einem Brief, von dem er annehmen mußte, er würde vertraulich behandelt werden, dieses Pseudonym offenbarte und solcherart auf Jahre hinaus die Rechercheure irreführen würde.

Eines ist sicher: Wenn man das Ausmaß an Publicity und Bekanntheit berücksichtigt, das die Allende-Briefe im Lauf der Jahre erlangten, und wenn es Allende gelungen wäre, Dr. Rinehart mit seinem richtigen Namen zu identifizieren, wäre der Ruf des Wissenschaftlers zerstört worden. Dr. Rinehart könnte sogar die Möglichkeit einer Bedrohung seiner Intimsphäre oder gar seines Lebens in Erwägung gezogen haben.

Dennoch ist er nicht der einzige Mann, von dem bekannt ist, daß er bei der Planung des Philadelphia-Experiments eine Rolle spielte. Weitere Nachforschungen haben ergeben, daß es zumindest einen anderen Menschen gibt, der nicht nur am Projekt teilhatte, sondern schließlich eine hochinteressante Methode entdeckt haben könnte, sein Wissen über Kraftfelder einer praktischen Anwendung zuzuführen.

# 10

## Die Kraftfelder des Townsend Brown

Gibt es eine praktische Anwendungsmöglichkeit für Energien und Kraftfelder der Art, wie sie Berichten zufolge im Verlauf des Philadelphia-Experiments zur Erzeugung von Unsichtbarkeit benutzt wurden? Könnten solche Anwendungsmöglichkeiten auch Antriebsmethoden etwa des Typs umfassen, von dem Morris Jessup vermutete, daß er für UFOs benutzt wird? Wir können uns Einblick in diese Fragen verschaffen, indem wir Leben und Karriere eines wenig bekannten, aber äußerst genialen amerikanischen Physikers und Erfinders namens Thomas Townsend Brown betrachten – eines Mannes, der genau wie Dr. Rinehart dazu bestimmt war, schließlich eine Rolle bei jenem Projekt zu spielen, das zum tatsächlichen Experiment führen sollte.

Im Jahr 1905 als Sohn einer prominenten Familie in Zanesville, Ohio, geboren, zeigte Townsend Brown schon früh großes Interesse für die Raumfahrt – ein Thema, das in jenen Tagen, als selbst die Erfolge der Brüder Wright noch mit Mißtrauen betrachtet wurden, als pure Phantasterei galt. Trotzdem hielt der junge Brown an seinem Interesse fest und beschäftigte sich auch gern mit Elektronik. Sein jungenhaftes Herumspielen mit den damaligen naiven Vorstellungen über Radio und Elektromagnetismus vermittelte ihm eine Basis, die in späteren Jahren von unschätzbarem Wert für ihn sein sollte. Im Verlauf seines „Herumexperimentierens" erwarb er einmal irgendwie eine Coolidge-Röhre – die ihn dann zu einer verblüffenden Entdeckung führte.

X-Strahlen (oder Röntgenstrahlen) galten in jenen Tagen

noch als mysteriöse Kräfte (der amerikanische Physiker und Chemiker William D. Coolidge hatte die Coolidge-Röhre, eine Röntgenröhre mit Glühkathode aus einer feinen Wolframwendel, erst 1913 erfunden), und sogar die anerkannte Wissenschaft begann sich gerade erst damit zu beschäftigen. Brown interessierte sich nicht für die Röntgenstrahlen als solche, sondern glaubte, den Schlüssel zur Raumfahrt darin finden zu können. Unter diesem Gesichtspunkt führte er ein Experiment durch, um festzustellen, ob die von der Coolidge-Röhre ausgehenden Strahlen irgendeine nutzbare Kraft ausübten.

Er tat etwas, woran noch kein Wissenschaftler seiner Zeit gedacht hatte: Er montierte seine Coolidge-Röhre in extrem empfindlicher Balance und begann, sie auf Resultate zu testen. Aber ganz gleich, in welche Richtung er seinen Apparat drehte, er war nicht in der Lage, irgendeine meßbare, von den Röntgenstrahlen ausgehende Kraft festzustellen. Plötzlich jedoch wurde er auf eine sehr sonderbare Reaktion der Röhre selbst aufmerksam: Jedesmal, wenn er die Röhre einschaltete, schien sie eine Bewegung auszuführen – eine Art Schub, gerade so als versuche der Apparat sich fortzubewegen. Er forschte weiter, und es bedurfte eines erheblichen Zeitaufwandes und großer Mühen, bevor er die Erklärung fand. Dieses neuentdeckte Phänomen hatte nicht das geringste mit den Röntgenstrahlen zu tun – vielmehr steckte die hohe Spannung dahinter, die zur Erzeugung der Strahlen benutzt wurde!

Brown unternahm nun eine ganze Reihe von Experimenten, die darauf abzielten, die genaue Natur dieser neuen, von ihm entdeckten „Kräfte“ zu bestimmen, und nach vielen Bemühungen gelang es ihm schließlich, ein Gerät zu entwickeln, das er optimistisch „Gravitor“ nannte. Seine Erfindung wirkte von außen wie ein simpler Bakelitkasten, dreißig Zentimeter lang und zehn Zentimeter hoch und breit; doch wenn man ihn auf eine Waage legte und an eine Energiequelle von hundert Kilovolt anschloß, dann nahm der Apparat ungefähr ein Prozent seines Gewichtes zu oder ab, je nach der verwendeten Polarität.

Brown war überzeugt, daß er ein neues elektrisches Prinzip entdeckt hatte, aber er wußte nichts Rechtes damit anzufangen. Obwohl einige Zeitungen über seine Arbeit berichteten, zeigte sich kein einziger renommierter Wissenschaftler an seiner Entdeckung interessiert – was allerdings nicht allzu erstaunlich ist, wenn man bedenkt, daß Townsend Brown zu dieser Zeit gerade erst vor dem Abschluß der höheren Schule stand.

1922 trat Brown in das California Institute of Technology (Caltech) in Pasadena ein. Sein erstes Jahr verbrachte er damit, seine Professoren – unter ihnen den Physiker und Nobelpreisträger Dr. Robert A. Millikan – ihm günstig zu stimmen. Aber so sehr er sie mit seinen ausgezeichneten Leistungen als Laborant beeindrucken konnte, so wenig Erfolg hatte er bei seinen Bemühungen um wenigstens die kleinste Anerkennung für seine Ideen über Elektrogravitation. Durchdrungen von der starren wissenschaftlichen Disziplin des 19. Jahrhunderts, wiesen seine Lehrer es weit von sich, daß so etwas überhaupt existieren könnte; an neuen oder gar umwälzenden Konzepten waren sie nicht interessiert.

Unerschüttert wechselte Brown 1923 ins Kenyon College in Gambier, Ohio, blieb dort ein Jahr und ging dann an die Denison Universität in Granville, Ohio, wo er als Interner in der Physikabteilung Elektronik studierte. Sein Professor war Dr. Paul Alfred Biefeld, Professor der Physik und Astronomie und einer der nur acht ehemaligen Klassenkameraden von Albert Einstein in der Schweiz.

Im Gegensatz zu Dr. Millikan von der Caltech zeigte Dr. Biefeld großes Interesse für Browns Entdeckung, und beide – Professor und Student – experimentierten mit geladenen elektrischen Kondensatoren und entwickelten ein physikalisches Prinzip, das dann als der Biefeld-Brown-Effekt bekannt wurde. Im Grunde war dieser „Effekt“ die beobachtete Tendenz eines hochgeladenen elektrischen Kondensators, eine Bewegung in Richtung auf seinen positiven Pol auszuführen – die gleiche Bewegung also, die Brown früher an seiner Coolidge-Röhre entdeckt hatte.

Nach Abschluß seiner Ausbildung war Brown vier Jahre am Swazey Observatorium in Ohio tätig und heiratete auch in dieser Zeit. 1930 verließ er Swazey, um als Spezialist für Strahlung, Feldphysik und Spektroskopie im Naval Research Laboratorium in Washington, D.C., zu arbeiten.

Während dieser Phase seines Lebens nahm er 1932 als Stabsphysiker an der Internationalen Schwerkraft-Expedition des US-Marineministeriums zu den Westindischen Inseln und dann 1933 als Physiker an der Johnson-Smithonian Tiefsee-Expedition teil. Im Verlauf jenes Jahrs wurden wegen der fortschreitenden Wirtschaftskrise die Budgetmittel gekürzt, und Brown mußte seine anfangs vielversprechende Karriere am Naval Research Laboratorium (NRL) aufgeben und sich nach einer anderen Arbeit umsehen. Genau wie die Doktoren Jessup und Rinehart wandte sich auch Brown an die Regierung. Er trat in die Marine-Reserve ein, und da wissenschaftliche Jobs jeder Art sich als äußerst rar herausstellten, fand er zunächst als Ingenieur für Bodenkultur bei der Federal Emergency Relief Administration Arbeit und später als Verwaltungsbeamter beim Civilian Conservation Corps in Ohio.

Diese hauptberufliche Tätigkeit in den dreißiger Jahren hielt ihn jedoch nicht davon ab, abends und an Wochenenden sein Physikstudium im allgemeinen und des Biefeld-Brown-Effekts im besonderen fortzusetzen. Im Lauf der Zeit erfuhr der ursprüngliche „Gravitor" zahlreiche Verbesserungen.

1939 war Brown inzwischen Leutnant der Marine-Reserve und übersiedelte nach Maryland, wo er Material-Ingenieur bei der Glenn L. Martin Company (der späteren Martin-Aerospace) in Baltimore wurde. Er war allerdings erst ein paar Monate dort, als ihn die Marine als verantwortlichen Offizier für magnetische und akustische Minenräumforschung und -entwicklung des Bureau of Ships einsetzte.

Kurz nach dieser Ernennung kam Brown dann mit einem frühen Entwicklungsstadium jenes Projekts in Kontakt, das dann wahrscheinlich später im Philadelphia-Experiment gipfelte. Hierzu Dr. Rinehart: „Ich glaube, als er [Brown] aus der Martin-Company weg und ins Bureau of Ships geholt wurde, als Offizier für akustische und magnetische Minenräumung, da wurden ihm aufgrund seiner Kenntnisse in Physik alle Projekte vorgelegt, die Ross Gunn, der damalige Direktor des Naval Research Laboratoriums, für interessant hielt. Und so wurde er auch in Ihr ‚Projekt' verwickelt – das war sein Ausgangspunkt. Sein Bereich war zuständig für alles, was in dieser Beziehung an Neuigkeiten auftauchte, und sie wollten einen guten Mann für diese Arbeit. Das war Brown. Sie holten ihn, weil Mangel an Leuten herrschte – besonders an guten – und weil sie jemanden brauchten, der hinsichtlich der Durchsetzung ihrer Pläne kein Duckmäuser sein würde. Und Brown hätte zweifellos sogar mit Captain Parsons wegen dieses Projekts gesprochen. Obwohl meine persönliche Beziehung zu Brown nie weiter als bis zu ein paar gelegentlichen Worten ging – er war ja in einer völlig anderen Abteilung, wie Sie sich erinnern –, kann ich mich doch genau an seine Anwesenheit bei mehreren Konferenzen über dieses Projekt erinnern. Ich glaube, ich habe nicht mehr als ein- oder zweimal ausführlicher mit ihm gesprochen. Er war ein etwas scheuer, zurückhaltender Mensch – ein Mann, dessen Ideen und Bemühungen oftmals mehr von seinen Freunden und Kollegen verfochten wurden als von ihm selbst."

Es ist fraglich, ob Brown jemals intensiv am Philadelphia-Experiment arbeitete. Doch obwohl er sich zu diesem Punkt eher unverbindlich äußert, erscheint es doch soviel wie sicher, daß er zumindest in einer seiner Eigenschaften damit zu tun gehabt haben muß. Ein großer Teil der Arbeit seines Forschungsteams betraf ja ein der Schiffsentmagnetisierung verwandtes Gebiet. Außerdem befaßte er sich auch mit „irgendeiner äußerst kostspieligen Hochvakuum-Arbeit", wie er es nannte.

Auf jeden Fall konnte seine Tätigkeit beim Bureau of Ships, wo er für seine Forschungszwecke rund fünfzig Millionen Dollar ausgeben konnte und über mindestens ein Dutzend akademisch gebildeter Mitarbeiter verfügte, als vorbildlich betrachtet werden. Allerdings war sie von nicht allzulanger Dauer, denn in dem schrecklichen Durcheinander, das auf Pearl Harbor folgte, wurde er – mit dem Dienstgrad eines Korvettenkapitäns – nach Norfolk versetzt, wo er seine Forschungsarbeit weiterführen und gleichzeitig die Atlantic Fleet Radar School der Marine leiten sollte.

Einer anderen Quelle zufolge hat er während dieser Zeit einige Vorschläge über die Möglichkeit vorgelegt, wie elektromagnetische Felder zur Erzielung von Radarunsichtbarkeit benutzt werden könnten, besonders bei Luft-zu-Wasser-Situationen. Es ist jedoch nicht bekannt, ob diese Ideen möglicherweise direkt für die laufenden Forschungsarbeiten am Philadelphia-Experiment verwendet wurden oder ob überhaupt jemals etwas aus ihnen gemacht wurde. Brown war nicht der Typ, allzuviel von seinen Ideen herzumachen, es sei denn, sie fanden die bereitwillige Zustimmung anderer.

Trotz seiner Zurückhaltung war er jedoch ein eifriger und hingebungsvoller Arbeiter, der während der nächsten zwei Jahre weiterhin treu seinem Lande diente. Unglücklicherweise machten ihm die viele harte Arbeit und seine persönliche Enttäuschung über den mangelnden Erfolg seiner Projekte, die keine angemessene Anerkennung fanden, derart zu schaffen, daß er im Dezember 1943 einen Nervenzusammenbruch erlitt und zur Erholung heimgeschickt wurde. Auf Empfehlung der Marineärzte wurde er dann bald pensioniert.

Übrigens ist es in diesem Zusammenhang von Interesse, daß Riley Crabb immer behauptet hat, der Grund für Browns Zusammenbruch hänge direkt mit dem Philadelphia-Experiment zusammen. Sicherlich hätten so verheerende physische und psychische Folgen, wie sie die Besatzung der DE 173 angeblich zu erleiden hatte, ernste Rückwirkungen gehabt; und der Mann, der für die Durchführung eines solchen Projekts verantwortlich war, hätte Kopf und Kragen riskiert. Wenn das stimmt, kann man sich leicht den psychischen Druck vorstellen, der für ihn daraus resultierte. In aller Fairneß gegenüber Brown sollte jedoch vermerkt werden, daß es uns absolut unmöglich war, irgend etwas herauszufinden, was eine solche Schlußfolgerung auch nur im entferntesten zuließe.

Nach sechs Monaten Erholung jedenfalls wurde Brown im Frühsommer 1944 Berater für Radarfragen in der Abteilung für neuartige Anlagen bei der Lockheed-Vega Aircraft Corporation in Kalifornien. Seine Kollegen beurteilen ihn genauso, wie Dr. Rinehart ihn beschrieb, nämlich als „einen ruhigen, bescheidenen, zurückhaltenden Menschen ... einen genialen Problemlöser in Ingenieurfragen" und „genau den Mann, den man in bedeutenden Forschungsinstituten zu finden erwartet". Noch interessanter ist, daß er weiterhin an seinem Gravitor-Gerät arbeitete, obwohl er (eigenartigerweise) nicht von Schwerkraft zu sprechen pflegte, wenn er es beschrieb. Statt dessen zog er die wissenschaftlichere, aber entschieden weniger sensationelle Bezeichnung „Spannung im Dielektrikum" vor.

Nachdem er Lockheed verlassen hatte, übersiedelte Brown nach Hawaii und setzte dort seine Forschungen fort. Zum Teil dank der Bemühungen seines alten Freundes A. L. Kitselman, Lehrer für Integralrechnung in Pearl Harbor, erregte zu dieser Zeit Browns Gravitor – gegenüber früheren Versionen um einiges verbessert – das Interesse von Admiral Arthur W. Radford, Oberbefehlshaber der US-Pazifikflotte (später Vorsitzender der Joint Chiefs of Staff unter Präsident Eisenhower, 1953 bis 1957). Admiral Radfords Interesse führte dazu, daß Brown zeitweise der Status eines Beraters der Marinewerft von Pearl Harbor verliehen wurde; doch obwohl der frühere Korvettenkapitän von seinen Marine-Freunden nett behandelt wurde, sahen sie in seiner Erfindung allem Anschein nach mehr eine interessante Kuriosität als irgendeine Art von Schlüssel zur Raumfahrt oder interdimensionalen Fortbewegung. Wäre Brown mehr Geschäftsmann als Wissenschaftler gewesen, hätte vielleicht alles einen anderen Verlauf genommen; anderseits ist es aber auch möglich, daß die Marine von der während des Krieges durchgeführten Kraftfeldforschung genug hatte und sich jetzt aus Gründen, die auf der Hand lagen, von allen solchen Projekten fernhielt. (Dabei fällt einem

Carlos Allendes Aussage ein, daß „die Marine sich fürchtet, solche Resultate zu benutzen".)

Inzwischen hatten die zunehmenden UFO-Erscheinungen das persönliche Interesse Browns geweckt. Eifrig verfolgte er die Kontroverse zwischen Militär und Wissenschaft Ende der vierziger und Anfang der fünfziger Jahre und äußerte dann seine Überzeugung, daß die Frage nach der Antriebskraft der UFOs vielleicht dann zu lösen wäre, wenn man auf weltweiter Basis und in angemessener wissenschaftlicher Weise an die Sache heranginge. In jenen Tagen war sein Vertrauen in die Fähigkeiten der neuzeitlichen Wissenschaft so groß, daß er sogar mit der Möglichkeit einer baldigen Lösung zu spekulieren wagte, vorausgesetzt, daß Geldmittel und Personal in adäquatem Umfang aufgewendet würden. Natürlich war er sich ständig der Möglichkeit bewußt, daß er selbst durch seine Forschungsarbeit auf dem Gebiet der Elektrogravitation vielleicht schon auf einen Schlüssel zu diesem Rätsel gestoßen war.

Im Jahr 1952, als er nach Cleveland gezogen war, plante er ein Projekt, dem er den Namen *Winterhafen* gab – eine Idee, von der er hoffte, sie nach entsprechender Ausarbeitung dem Militär anbieten zu können. Durch geduldige Forschungstätigkeit war es ihm gelungen, die Hubkraft seines Gravitors so zu steigern, daß der Apparat erheblich mehr heben konnte, als sein eigenes Gewicht betrug – ein Erfolg, der eigentlich jeden respektablen Wissenschaftler oder Pentagonbeamten hätte aufhorchen lassen müssen. Aber anscheinend geschah nichts dergleichen, obwohl der Gravitor ein hochentwickeltes Gerät war und die Demonstrationen äußerst eindrucksvoll verliefen, wie wir sehen werden.

Theoretisch versuchte Brown seine Resultate mit den Begriffen der Einheitlichen Feldphysik zu erklären. Der Punkt, wo sich die Geister scheiden – nämlich die von Brown und der meisten orthodoxen Wissenschaftler – ist der, daß Brown fest an die Existenz eines beobachtbaren Kopplungseffektes zwischen Schwerkraft und Elektrizität glaubt und daran, daß das, was mit seinem Apparat demonstriert wird, genau dieser

Kopplungseffekt ist. Mit anderen Worten: Er behauptet, daß der Biefeld-Brown-Effekt nicht nur ein nachgewiesenes und demonstrierbares Bindeglied zwischen Elektrizität und Schwerkraft darstellt, sondern auch tatsächlich nutzbar gemacht und zu Antriebszwecken innerhalb und außerhalb der Erdatmosphäre verwendet werden kann. Die Ähnlichkeiten mit den angeblich für das Philadelphia-Experiment benutzten Konzepten ist ganz offensichtlich.

Ein „Dielektrikum" ist definiert als ein Material mit der einzigartigen Eigenschaft, elektrische Energie oder „Ladung" zu absorbieren, ohne diese Energie einfach an benachbarte andere Materialien weiterzugeben. Einige Dielektrika können enorme Mengen elektrischer Energien (auch als „elastische Spannung" bezeichnet) aufnehmen, ohne zu entladen, vorausgesetzt, daß die Energie langsam und bei niedriger Spannung in das Dielektrikum eingespeist wird. Andere wiederum können bei extrem hoher Spannung von mehreren tausend Volt pro Sekunde geladen und entladen werden. Townsend Brown befaßte sich hauptsächlich mit dem letzteren Typ. Unter Verwendung eines solchen Dielektrikums konstruierte Brown einen diskusförmigen (oder untertassenförmigen) Kondensator und beobachtete, unter wechselnder Zuführung verschiedener Gleichstrom-Hochspannungsstärken, den Biefeld-Brown-Effekt in Aktion. Bei richtiger Bauweise und entsprechender elektrischer Spannung (im Kilovolt-Bereich) wurden die diskusförmigen „Luftfolien" zum Fliegen aus eigener Kraft gebracht, wobei sie ein schwaches Summen und einen bläulichen elektrischen Schein abgaben. Wissenschaftlicher ausgedrückt könnte man diesen „Flug" vielleicht besser als „Bewegung unter dem Einfluß der Wechselwirkung zwischen elektrischen und Schwerkraftfeldern in Richtung der positiven Elektrode" bezeichnen.

Im Jahr 1953 gelang es Brown, in einer Laboranlage den Flug einer diskusförmigen Luftfolie mit einem Durchmesser von sechzig Zentimetern in einem Rundkurs von sechs Meter Durchmesser vorzuführen. Bei diesem Vorgang war der tellerförmige Flugkörper durch einen Draht mit einem zentralen Mast verbunden, und durch diesen Draht erfolgte die Versorgung mit der notwendigen Gleichstromspannung von 50.000 Volt mit einer Dauerzuführung von 50 Watt. Der Test ergab eine Spitzengeschwindigkeit von erstaunlichen 51 m/sec (ca. 185 km/h).

Brown arbeitete mit fast übermenschlicher Entschlossenheit und mit hohem Kostenaufwand, den er selbst bestritt. Bald konnte er seinen eigenen Erfolg noch übertreffen. Bei seiner nächsten Vorführung zeigte er einen Satz von 90-cm-Scheiben bei einem Rundflug von fünfzehn Meter Durchmesser. Dieses spektakuläre Resultat führte dazu, daß die Sache sofort unter strengste Geheimhaltung genommen wurde. Trotzdem blieben die meisten Wissenschaftler, die der Demonstration beigewohnt hatten, skeptisch und neigten zu der Auffassung, daß Browns Bewegungskraft einem, wie sie es nannten, „elektrischen Wind" zuzuschreiben sei – und das, obwohl es eines wahren „elektrischen Orkans" bedurft hätte, um die beobachtete Hubkraft zu erzeugen! Nur sehr wenige von ihnen waren der Meinung, daß der Biefeld-Brown-Effekt etwas Neues für die Welt der Physik darstellen könnte. Nachdem Brown bei der Regierung um eine Subvention für die Fortführung seiner Arbeit angesucht hatte und feststellen mußte, daß da kein Geld zu erwarten war, ging er 1955 tief enttäuscht nach Europa, wo er etwas mehr Enthusiasmus zu finden hoffte.

Obwohl er seine erste Demonstration in Großbritannien gegeben hatte, bahnte sich dann auf dem Kontinent und unter der Schirmherrschaft der französischen Firma La Société Nationale de Construction Aeronautique Sud-Ouest (SNCASO) endlich eine vielversprechende Entwicklung an. In einer Testreihe im Forschungslabor dieser Firma ließ Brown einige seiner Scheiben im Hochvakuum fliegen und erzielte erstaunliche Ergebnisse. Brown war begeistert, denn es war ihm nicht nur gelungen zu beweisen, daß seine Scheiben besser *ohne* Luft flogen, sondern er hatte auch gezeigt, daß Geschwindigkeit und Leistung seines „Flugkörpers" durch Zuführung höherer Spannung an die dielektrischen Platten vergrößert werden konnten. In seinerzeitigen Berichten wurden schon Geschwindigkeiten von einigen hundert Stundenkilometern unter Verwendung von Spannungen im Bereich von 100.000 bis 200.000 Volt in Aussicht genommen; und ein Berichterstatter sprach von einem „Flammenstrahl-Generator", der noch im Planungsstadium war und voraussichtlich eine Leistung von fünfzehn Millionen Volt abgeben würde! Es lagen auch schon Pläne für den sofortigen Bau einer großen Vakuumkammer und eine 500.000 Volt Energieversorgung vor, als das Unglück zuschlug: SNCASO fusionierte mit einer größeren Firma, der Sud-Est. Der Präsident der neu entstandenen Gesellschaft zeigte einen erschreckenden Mangel an Interesse für „diese Forschungsbemühungen um eine abwegige Antriebskraft" und zog die Herstellung realistischerer Produkte vor. Als Folge wurden alle vom früheren Präsidenten angeordneten Maßnahmen zur Weiterführung der Elektrogravitationsforschung summarisch annulliert, und ein zutiefst erschütterter Mr. Brown sah sich 1956 zur Rückkehr in die USA gezwungen.

Innerhalb eines Jahres wurde er der vielbeschäftigte Chefberater für Forschung und Entwicklung des Whitehall-Rand Projekts, einer neuartigen Anti-Schwerkraft-Untersuchung unter der persönlichen Leitung von Agnew Bahnson, Präsident der Bahnson Company in Winston-Salem, North Carolina. Bahnson war ein ausgesprochener UFO-Fan: Sein innigster Wunsch war es, als erster Mensch den Mond zu betreten. Er baute aus eigenen Mitteln ein gut ausgerüstetes Labor und lud Brown zur Beratung ein. Doch das Schicksal wollte es anders. Gerade als die Dinge einen günstigen Verlauf zu nehmen begannen, kam der erfahrene Pilot Bahnson unter ziemlich merkwürdigen Umständen ums Leben: Sein Privatflugzeug streifte angeblich eine Hochspannungsleitung. Bahnsons Nachfolger waren nicht an seinem Projekt interessiert, und so wurde alles abgeblasen.

Im Jahr 1958 glaubte Townsend Brown weit genug zu sein,

eine eigene Firma unter dem Namen Rand International Limited gründen und ihre Leitung übernehmen zu können. Doch obwohl zahlreiche Patente in den USA und im Ausland angemeldet und erteilt wurden, und trotz zahlreicher Vorführungen, die er geduldig immer wieder veranstaltete, um Regierung und Firmen zu interessieren, war ihm noch immer kein Erfolg beschieden. Es war eigenartig, aber so groß das Interesse auch war, das er erweckte, so schnell schmolz es dahin – fast so, als ob jemand (oder etwas?) gegen ihn arbeitete. Zwar existiert die Rand International als Firmenstruktur noch heute, aber in den letzten Jahren waren wenig Aktivitäten zu verzeichnen.

Anfang der sechziger Jahre gab Brown noch ein kurzes Gastspiel als Physiker bei der Electrokinetics Incorporated in Bala Cynwyd, Pennsylvania, und nach Beendigung seiner dortigen Anstellung ging er mehr oder weniger in den Ruhestand. Seither lebt er in Kalifornien und führt in aller Stille seine Forschungsarbeit weiter, in der Hoffnung, daß vielleicht mit etwas Glück eines Tages die Welt aufhorchen wird.

Seinen vorläufig letzten Auftritt hatte er kürzlich im Rahmen eines Projekts, das „seinen Hauptsitz am Standford Forschungsinstitut hat und zusätzlich Unterstützung durch die Universität von Kalifornien und durch das Ames-Forschungszentrum der NASA erhält". Gegenstand der Forschungsarbeiten, deren Einzelheiten größtenteils noch der Geheimhaltung unterliegen, ist es, festzustellen, ob und welche Verbindung zwischen dem Gravitationsfeld der Erde und der Felselektrizität (oder Petroelektrizität) besteht. Wenn Brown sein erhofftes Ziel erreicht und beweisen kann, daß Petroelektrizität durch das Gravitationsfeld der Erde „induziert" wird, dann wäre ein großes Stück des Weges zur Erhärtung der Einheitlichen Feldkonzepte im allgemeinen, aber auch von Browns eigener Theorien über Elektrogravitation zurückgelegt.

Die Frage, die sich indirekt aus diesem ganzen Kapitel erstellt, lautet: Warum konnte Townsend Browns vielversprechendes Lebenswerk während der letzten drei Jahrzehnte praktisch unbeachtet bleiben? Selbst heute noch ist Brown der Meinung, daß eine weitere Erforschung des Biefeld-Brown-Effekts zu einem sensationellen Durchbruch im Hinblick auf Antriebsmethoden für die Raumfahrt führen würde – gar nicht zu reden von den näherliegenden Verwendungsmöglichkeiten –, wenn die erforderlichen Mittel zur Verfügung stünden. Zugegeben, Forschung ist teuer. Aber sind wirklich finanzielle Erwägungen der Grund für den Mangel an Interesse? Oder wäre es vielleicht möglich, daß ein mehr als dreißig Jahre zurückliegendes Schiffsexperiment noch immer seinen langen Schatten darauf wirft – vielleicht sogar in einem Ausmaß, welches das „Arrangieren" des zweckdienlichen Ablebens eines seiner finanziell einflußreichsten Gönner einschließt? Oder aber die menschliche Rasse ist noch nicht reif für ein so revolutionäres wissenschaftliches Konzept, wie Brown selbst glaubt.

Wie jedoch die wissenschaftliche Forschung der letzten Jahre so eindrucksvoll gezeigt hat, sind andere bis dato unglaubliche Konzepte in bezug auf Raum, Materie, Energie und Zeit inzwischen in der wissenschaftlichen Welt allgemein akzeptiert worden. Man erinnere sich an Haldanes Kommentar: „Das Universum ist nicht nur wundersamer, als wir es uns vorstellen; es ist wundersamer, als wir es uns vorstellen können."

## 11

# Die Realität des Unmöglichen

Seit den frühesten Tagen ihrer Zivilisation hat die Menschheit davon geträumt, das Unmögliche möglich zu machen. Selbst die oberflächlichste Betrachtung der Geschichte von Tausenden von Jahren zeigt, daß unsere Vorfahren davon träumten, wie Vögel durch die Luft zu fliegen, den fernen Mond zu erforschen oder in der Tiefe der Weltmeere zu reisen. Mit dem ständigen technischen Fortschritt der modernen Zivilisation jedoch sind die Träume von gestern schnell zu den Realitäten von heute geworden, und die Menschheit sah sich veranlaßt, anderswo nach dem Stoff Ausschau zu halten, aus dem die Träume sind.

Eigenartigerweise ist aber trotz allen modernen Know-hows einer unserer ältesten Träume noch immer unerfüllt und in unserer Vorstellung lebendig geblieben. Wer von uns hat nicht mindestens schon einmal davon geträumt, unsichtbar zu sein und ungesehen und unvermutet inmitten seiner Mitmenschen umherzuwandeln? In alter Zeit hielt man Unsichtbarkeit für eine den Göttern – oder den Sterblichen wie dem mit einer speziellen Kappe ausgestatteten Perseus – vorbehaltene Fähigkeit. Doch in jüngerer Vergangenheit fand sie ihren Weg nicht nur in unzählige Bücher und Artikel in Zeitschriften, sondern diente auch als Thema einer beliebten Fernsehserie.

Ein besonders attraktiver Aspekt ist die Beherrschung der Unsichtbarkeit in Kriegszeiten. (Man stelle sich die Überraschung eines Feindes vor, der sich hat vorgaukeln lassen, er sei allein auf weiter Flur – bis zum Moment des Angriffs!) Die

Vorteile wären fast unbegrenzt – vorausgesetzt natürlich, daß die Sache durchführbar ist. Aber nehmen wir einmal für einen Augenblick an, daß die bisher vorgelegten Beweismittel korrekt sind und daß irgendwer irgendwie entdeckt hat, daß so etwas möglich *ist* – daß durch die richtige Anwendung von Elektronik und Kraftfeldern die Unsichtbarkeit eines begrenzten Bereichs für eine begrenzte Zeitspanne erzeugt werden kann. Und nehmen wir an, eine solche Entdeckung wurde, wie Dr. Rinehart andeutete, unmittelbar vor oder während des Zweiten Weltkrieges gemacht, und ihre Fürsprecher konnten sich beim Militär Gehör verschaffen. Was wäre wohl der wahrscheinlichste Platz zur Durchführung eines kurzfristigen, streng geheimen Testprogramms für solch ein offensichtlich hochinteressantes System elektronischer Tarnung? An Land? Möglich – aber zu welchem Zweck? Selbst wenn ein kleines Stück Land mit Gebäuden unsichtbar gemacht würde, könnte jeder Feind, dem die Koordinaten bekannt sind, den Ort trotzdem bombardieren. Land ist im allgemeinen unbeweglich und ein leichtes Ziel – gar nicht von der Tatsache zu reden, daß jede erfolgreiche Unsichtbarkeit an Land nicht nur rein defensiver Natur wäre, sondern rund um die Uhr (oder zumindest bei Tageslicht) aufrechterhalten werden müßte, um überhaupt einen Sinn zu haben. Die Verwendung an Land scheint daher nicht die erstrebenswerteste zu sein. Flugzeuge? Höchst unwahrscheinlich, wenn man den Umfang und das Gewicht von elektronischen Geräten der vierziger Jahre und die geringe Tragkraft von Flugzeugen bedenkt. Es bleibt also eine Möglichkeit, die allen Anforderungen gerecht wird: Schiffe.

Hat die amerikanische Marine, wie Allende behauptete und wie das bisher von uns geprüfte Beweismaterial zu bestätigen scheint, wirklich die DE 173 benutzt, um ein solches Experiment elektronischer Tarnung durchzuführen? Waren die Folgen so entsetzlich, wie er sagt? Und haben Militär-Wissenschaftler die Resultate solcher Tests als Basis für spätere Forschungsarbeiten – im Hinblick auf mögliche Anti-Schwerkraft-Antriebsmethoden benutzt, ähnlich der Energiequelle, von der Jessup und inzwischen auch andere behaupten, sie würde den UFOs dienen? Obwohl dieses Buch bisher unveröffentlichte Informationen bringt, die sehr viele Anhaltspunkte für die Antwort auf diese Fragen liefern, fehlt der notwendige positive Nachweis noch immer.

Kann ein solcher Nachweis erbracht werden? Wahrscheinlich nicht – es sei denn, daß die Unterlagen der Regierung über das Projekt gefunden und veröffentlicht werden könnten. Und ohne den militärischen Decknamen des Projekts zu kennen, wäre das schwierig, wenn nicht unmöglich. Jede Anfrage zu diesem Thema beim Office of Naval Research ergibt im besten Fall einen unverbindlichen Standardbrief, der die ganze Sache rundweg (und wie nicht anders zu erwarten) ableugnet. Hinsichtlich der Affäre Allende/Jessup „hat das Office of Naval Research niemals eine offizielle Studie angeordnet". In bezug auf das Philadelphia-Experiment selbst „hat das ONR weder 1943 noch zu irgendeiner anderen Zeit irgendwelche Untersuchungen über Unsichtbarkeit angestellt". Auf die Forderung nach einer offiziellen Schlußfolgerung tendiert das Marineministerium dazu, die ganze Angelegenheit einem schwachen Versuch von „Science Fiction" zuzuschreiben. Andere Regierungsstellen sind sogar noch weniger kooperativ.

Charles Berlitz, einer der Autoren dieses Buches, hat während der Recherchen zu seinem Buch *Spurlos* an gewissen Schlüsselstellen diskrete, aber gründliche Untersuchungen über dieses Rätsel angestellt. Mehrmals wurde ihm kühl erklärt, die ganze Story sei das Produkt jemandes, mit dem die Phantasie durchgegangen sei. Noch ergebnisloser war die Antwort, die sein Versuch erbrachte, das Thema mit Vertretern der Varo Corporation in Garland, Texas, zu besprechen. „Die Firma ist nicht daran interessiert", sagte man ihm, „dieses Thema mit Ihnen oder sonst jemandem zu diskutieren." Zusätzlich teilte man ihm mit, es sei nutzlos, die Angelegenheit weiter zu verfolgen; Varo würde „alle Briefe zu diesem Thema unbeantwortet lassen und Telefonanrufe zurückweisen".

Trotz des offiziellen Stillschweigens gibt es einen Hinweis darauf, daß irgend etwas vor sich gegangen sein muß, und zwar in der Geschichte des berühmten Mentalisten und Magiers Joseph Dunninger. In den ersten Phasen des Zweiten Weltkriegs, lange vor Eintritt der Vereinigten Staaten, erschienen in der Weltpresse offenbar aus Deutschland stammende Berichte über einen von den Briten entwickelten „Geheimanstrich", der ihre Flugzeuge bei Nacht völlig unsichtbar machte – sogar im Schein der stärksten Suchscheinwerfer. Dunninger, dem natürlich der Wert guter Publicity nicht fremd war, hatte diese Geschichten offenbar gelesen und sofort erkannt, daß man sie für einen Reklametrick ausschlachten konnte. Er beriet sich mit einigen befreundeten Reportern, auf deren vertrauliche Mitteilungen und Ratschläge er des öfteren zurückzugreifen pflegte, und arbeitete eine Pressemitteilung aus, von der er und seine Freunde annehmen konnten, daß sie sofort von sämtlichen Presseagenturen aufgegriffen und im ganzen Land verbreitet werden würde. Tatsächlich lief alles nach Plan, einschließlich der erwarteten Resultate. Eines der typischen Ergebnisse ist die folgende Story, die am 31. August 1940 auf Seite 5 der *New York Times* erschien:

> Berichte aus Deutschland, wonach die Briten einen Geheimanstrich für ihre Bombenflugzeuge benutzen, um sie bei Nacht . . . unsichtbar zu machen, haben hier zu bemerkenswerten Stellungnahmen und zumindest einer neuartigen Erklärung geführt.
>
> Joseph Dunninger, Magier und Gedankenleser . . . meint, daß die Unsichtbarkeit ihrer Bomber auf einem geheimen Apparat beruht, der in England von dem weltberühmten Magier Horace Goldin entwickelt wurde, der . . . vor einem Jahr verstarb.
>
> Die genaue Beschaffenheit des Geräts, das eine Maschine während des Fluges und bei Tag oder Nacht unsichtbar machen kann, wurde von Mr. Dunninger nicht preisgegeben. Vielmehr versicherte er, daß er selbst für unser Land

einen ähnlichen Apparat entwickelt habe. Mr. Dunninger erklärte, daß sein Gerät bei einer Vorführung im US-Marineministerium in Washington ein Modellschiff unsichtbar gemacht habe.

Eine Erklärung darüber, nach welchem Prinzip es funktioniert, lehnte er ab.

Mit diesem Apparat könne er ein echtes Kriegsschiff völlig unsichtbar machen, behauptet er. Die dafür notwendige Ausrüstung würde nur etwa zehn Prozent des Gewichtes des Schiffes ausmachen. Wie er meint, gibt es keinen Grund, warum seine Methoden nicht auch für Flugzeuge Anwendung finden sollte.

Von Reportern buchstäblich belagert und auf dem Gipfel seines Ruhmes, erklärte sich Dunninger „widerstrebend" zu einer Demonstration bereit, die am folgenden Tag im Ruxton Hotel in Washington, D. C., stattfinden sollte. Dort erklärte er den versammelten Journalisten in aller Ruhe, da es ja unmöglich sei, ein Kriegsschiff ins Hotel zu bringen, würde er das Nächstliegende tun und mit dem Bild eines solchen Schiffs arbeiten. Seinem Versprechen getreu, verschwand das Bild prompt vor den erstaunten Augen der Anwesenden. Mrs. Crystal Dunninger zufolge verursachte dieser Trick eine ziemliche Sensation. „Die Reporter wußten einfach nicht, was sie davon halten sollten", sagte sie.

Am nächsten Tag kam ein Brief vom Marineministerium, der von einem starken offiziellen Interesse für Dunningers „Entdeckung" sprach, um Vorlage zusätzlicher Informationen und darum bat, „so bald wie möglich" eine Demonstration zu arrangieren. Laut Mrs. Dunninger war „das Ganze nichts als ein Jux, und es gab in Wirklichkeit überhaupt keinen Apparat. Und damit war die Sache erledigt".

Der Haken war nur, daß sie keineswegs erledigt war. Denn als Dunninger nicht auf den Brief reagierte, schickte ihm die Marine zwei Offiziere, um die Angelegenheit mit ihm zu besprechen. Als Endeffekt dieser unerwarteten Wendung sah sich Dunninger gezwungen zuzugeben, daß die ganze Story ein Schwindel war. Dabei räumte er jedoch ein, daß er eine bestimmte Vorstellung davon habe, wie Schiffe *wirklich* unsichtbar gemacht werden könnten, und zwar durch eine künstliche Luftspiegelung, die durch Manipulation der Sonnenstrahlen hervorzurufen sei. Die Forderung, seine Idee schriftlich einzureichen, erfüllte er kurz nach Pearl Harbor. Die Antwort der Marine bestand darin, ihn sofort ein Dokument unterschreiben zu lassen, das ihn unter Eid zu „vollständigem, absolutem und dauerndem Schweigen" über die ganze Angelegenheit verpflichtete. Was Dunninger wirklich vorgelegt und was die Marine anschließend damit gemacht hatte, blieb unbekannt.

Einen weiteren Hinweis auf das intensive Interesse, das die US-Marine in den späten dreißiger und frühen vierziger Jahren für den Gebrauch von starken Magnetfeldern auf Schiffen, zumindest als Minenabwehrmaßnahme, bewies, gibt ein Buch mit dem Titel *Magnets, the Education of a Physicist* (Cambridge 1956). Sein Autor ist der inzwischen verstorbene prominente Magnetphysiker Dr. Francis Bitter, Gründer des Magnet-Laboratoriums bei MIT. Bitter vermeidet es zwar, zu tief in technische Details zu gehen, widmet aber ein ganzes Kapitel seines Buches der Geschichte, wie die Technologie der elektromagnetischen Schiffsentmagnetisierung als Abwehrmaßnahme gegen die von den Deutschen in den dreißiger Jahren erfundenen hochgefährlichen magnetischen Minen entwickelt wurde.

Nach einem Bericht von C. M. Fowler und T. Erber (*Francis Bitter, Selected Papers and Commentaries,* Cambridge 1969) führte Bitters Forschung „schließlich zu sorgfältig ausgearbeiteten Gegenmaßnahmen, die darin bestanden, *Schiffe für [deutsche] Minen . . . ‚unsichtbar' zu machen*". Natürlich sind „Unsichtbarkeit" für die Tastvorrichtungen von Unterwasserminen und Unsichtbarkeit für das menschliche Auge zwei ganz verschiedene Dinge; trotzdem müssen wir uns fragen, ob nicht Bitters Forschung auf diesem Gebiet der „magnetischen Unsichtbarkeit" den Anfang eines komplizierten Projekts bildete, das die totale Unsichtbarkeit anstrebt, die Allende beschreibt.

Es kann keinen Zweifel darüber geben, daß während dieser frühen Experimente relativ starke Magnete und im Zusammenhang damit enorme Magnetfelder in Gebrauch waren. Dr. Bitter selbst schreibt in *Magnets,* daß er mit eigenen Augen „ein relativ großes Schiff sah, das mit einem überaus starken Magneten ausgestattet war, der *viele, viele* Tonnen wog. Es war ein Stabmagnet, der am Bug des Schiffes und nahe dem Oberdeck begann und sich weit nach achtern erstreckte. Den Strom lieferten riesige Generatoren."

Um festzustellen, ob diese frühen Entmagnetisierungsexperimente tatsächlich Vorgänger des viel komplizierteren Philadelphia-Experiments gewesen sein könnten, wandte sich William L. Moore, einer der Autoren, unter einem Vorwand an einen anderen Wissenschaftler, von dem bekannt war, daß er maßgeblich an den frühen Entmagnetisierungsbemühungen der Marine beteiligt war. Kurze Zeit vorher hatte Moore als Teil eines geplanten Artikels für eine Zeitschrift einen kurzen Bericht über das Leben dieses Wissenschaftlers verfaßt und kam nun auf die Idee, ihm diesen Artikel zur Durchsicht und Begutachtung vorzulegen – nachdem er ihn mit einem nur zu diesem Zweck verfaßten Absatz versehen hatte, um herauszufinden, ob er etwas über Allendes Schiffsexperiment wußte. Also enthielt der Manuskriptentwurf, den er bekam, den folgenden „aufgesetzten" Absatz:

> Während des Krieges war er [der betreffende Wissenschaftler] fast ununterbrochen als Physiker für . . . das Nationale Komitee für Verteidigungsforschung tätig. Bei einem von dessen Projekten wurde zunächst ein Modell, später ein Schiff der US-Marine einem intensiven elektromagnetischen Feld ausgesetzt, um die Wirkungen des Feldes auf materielle Dinge zu beobachten. Das Feld wurde von den marineeigenen Schiffsentmagnetisierungseinrichtungen unter Anwendung des Resonanzprinzips erzeugt, um ex-

trem starke Resultate zu erzielen. Einige Berichte über dieses Projekt sprechen von spektakulären Folgen (zumindest eine Quelle behauptet, das Experiment habe extreme physische Reaktionen bei den betroffenen Mannschaftsmitgliedern verursacht), doch wie auch immer die Resultate wirklich ausfielen, das Projekt wurde 1943 abgebrochen.

Der Zweck dieser List war es natürlich, die Reaktion dieses Mannes auf das unterschobene Material festzustellen, und zwar daran, was er damit beim Redigieren anstellen würde. Als das Manuskript zurückkam, war eine Überraschung fällig. Wie gewünscht, hatte der Wissenschaftler zahlreiche Vorschläge, Korrekturen, Ergänzungen und Streichungen vorgenommen – *aber den ganzen Test-Absatz hatte er ohne Änderung oder Kommentar stehengelassen!* Das ließ nur zwei Rückschlüsse zu: Entweder war dem Mann beim Redigieren ein grobes Versehen unterlaufen, oder aber hatte das Experiment tatsächlich wie beschrieben stattgefunden! Der Begleitbrief zum redigierten Manuskript unterstrich Letzteres. „Was den Entwurf Ihres Artikels anbelangt", hieß es, „sind die Informationen im wesentlichen völlig korrekt."

Aber wie steht es mit den Nebenwirkungen? Einer der merkwürdigsten und erschütterndsten Aspekte von Allendes Erzählung ist seine Beschreibung der extremen physischen und psychischen Nebenerscheinungen des Unsichtbarkeitsexperiments bei der Schiffsmannschaft. In der Tat ist es dieser äußerst phantastische Teil der Geschichte, der viele Gegner zu der Schlußfolgerung veranlaßte, daß die Allende-Briefe nichts anderes als groteske Produkte eines Verrückten seien. Schließlich, so argumentieren sie, wenn Kraftfelder beim Menschen Unsichtbarkeit und Wahnsinn auslösen, müßten wir schon längst alle unsichtbar oder verrückt sein. Die Gegenseite vertritt die Meinung, daß solche Effekte wirklich auftraten und daß die daraus resultierende Furcht und Verwirrung seitens der Marine der Grund für die fortgesetzte Geheimhaltung sind.

Einen interessanten neuen Aspekt bekam die Kontroverse

1976, als ein bis dahin streng geheimgehaltener Bericht des Geheimdienstes freigegeben wurde, in dem es um sowjetische Studien der Wirkungen von elektromagnetischen Hochfrequenzfeldern auf den menschlichen Organismus geht. Was an diesem Bericht so verunsichert, ist die stattliche Aufstellung von Veränderungen der Gehirn- und Körperfunktionen, die durch direkte Einwirkung von elektromagnetischen Feldern hervorgerufen werden können, wie die Russen festgestellt haben. Man habe herausgefunden, heißt es weiter, daß solche Felder „große Möglichkeiten bieten, ein System zur Desorientierung und Veränderung des menschlichen Verhaltens zu entwickeln". Die aufgezählten Wirkungen umfassen unter anderem „schwere neurologische und kardiovaskuläre [Kreislauf-] Störungen, Schwindel, Vergeßlichkeit, Konzentrationsschwäche und abwechselnde Zustände von Angst und Depressionen".

Der Hauptunterschied zwischen diesen besorgniserregenden Effekten und den noch viel schrecklicheren, die laut Allendes Behauptung die unglückliche Mannschaft jenes Versuchsschiffes der US-Marine erlitt, ist der, daß die Russen die beobachteten Wirkungen durch die Anwendung von elektromagnetischer Feldstrahlung von *niedriger Intensität* hervorrufen. Felder, die durch etwas erzeugt worden wären, was annähernd der Größenordnung des sogenannten Philadelphia-Experiments entspräche, würden ein wesentlich höheres Energieniveau aufweisen.

Noch zwei weitere mögliche Bestätigungen, daß ein solches Experiment wirklich stattfand, kamen in Form von Briefen, und zwar beide auf dem Weg über Dr. Reilly H. Crabb von der BSRF (siehe Kapitel 2). Da war einmal die Kopie eines Briefes von einem Angehörigen der Marine an Dr. Crabb, worin dieser Mann namens Griffin erklärt, er habe von Crabbs Interesse für die Jessup/Allende-Geschichte mit dem verschwindenden Schiff gehört und könne vielleicht etwas dazu beisteuern. Er sei vor ein paar Jahren auf der Mittelmeerinsel Zypern stationiert gewesen, wo er der alten DE 173 begegnete, die zu der Zeit unter dem Namen „Léon“ für die griechische Marine fuhr. Laut Griffins Brief war dieses Schiff während seines Hafenaufenthaltes von einem Mann als dasjenige bezeichnet worden, das die Amerikaner während des Zweiten Weltkrieges unsichtbar zu machen versucht hätten. Crabb sagt, er habe dem Brief aus dem Grunde besondere Aufmerksamkeit geschenkt, weil er hier zum ersten Male an jemanden geraten war, der den Namen jenes Schiffes nannte, das in die in den Allende-Briefen erwähnten Unsichtbarkeitsexperimente verwickelt war. Allende selbst hatte in seinen Briefen nur die S. S. *Andrew Furuseth* namentlich genannt und erst viele Jahre später den Namen des Versuchsschiffes als DE 173 preisgegeben! Wenn Griffins Informant den Namen nicht von Allende hörte, woher *hatte* er ihn dann?

Der zweite Brief war sogar noch interessanter. Es war eine Anfrage eines Mr. Shoumake an Dr. Crabb. Nach der einleitenden Bitte um Informationen über BSFR-Veröffentlichungen und -Mitgliedschaft ließ Shoumake seine Bombe platzen: „Mein Onkel“, so schrieb er, „ein pensionierter Warrant Officer der Marine, erzählte in den fünfziger Jahren Einzelheiten von streng geheimen Ereignissen in der Marinewerft von Philadelphia. Durch einen Freund konnte ich mir ein Exemplar Ihrer Veröffentlichung über M. K. Jessup und die Allende-Briefe verschaffen, die einige der verbliebenen Lücken ausfüllte . . .“

Obwohl einer der Autoren dieses Buches (mit Dr. Crabbs Einverständnis) wiederholt versuchte, sich wegen dieser verblüffenden Aussage mit Mr. Shoumake in Verbindung zu setzen, ist leider nichts dabei herausgekommen – weder hinsichtlich jenes Mr. Shoumake noch seines hochinteressanten Onkels. Schwindel? Vielleicht . . . vielleicht aber auch nicht.

Ein ungewöhnlicher Aspekt bei den Nachforschungen über das Philadelphia-Experiment ist die Vielfalt von Zeugenaussagen, die von Leuten aus den verschiedensten und entlegensten Orten kommen; Aussagen, die manchmal scheinbar unwichtige Einzelheiten liefern, sich dann aber im rechten Zusammenhang mit Zeit und Ort gelegentlich in überraschender Weise bestätigen. Oft stehen Name oder Adresse eines Informanten nicht zur Verfügung, entweder weil inzwischen schon so viel Zeit verstrichen ist oder weil der Informant Angst hat, daß die Preisgabe seiner Identität ihm schaden könnte.

Einen recht außergewöhnlichen Bericht lieferte ein gewisser Patrick Macey, ein Elektronikkonstrukteur und Forscher, als er im Sommer 1977 auf Montage in Los Angeles war. Er und ein Kollege (an den sich Macey nur noch als „Jim" erinnert) hatten sich über UFOs unterhalten und darüber, wie viel die Regierung in dieser Hinsicht „vertusche".

„Ich hatte einmal ein höchst eigenartiges Erlebnis", sagte Jim, „als ich im Zweiten Weltkrieg bei der Marine war. Nicht direkt mit UFOs, aber es war ganz schön unheimlich. Ich hatte damals die Aufsicht über das geheime Audiovisionsmaterial, und 1945 in Washington hatte ich einmal während des Dienstes Gelegenheit, einen Teil eines Films über ein auf See durchgeführtes Experiment zu sehen, der einer Menge höchster Marine-Leute vorgeführt wurde. Ich kann mich nur an einzelne Teile des Filmes erinnern, da ich ja im Dienst war und nicht wie die anderen die ganze Zeit dasitzen und zuschauen konnte. Ich wußte nicht, worum es in diesem Film eigentlich ging, er war nämlich ohne Kommentar. Ich weiß aber, daß er von drei Schiffen handelte. Es wurde gezeigt, wie zwei dieser Schiffe irgendeine Art von Energie in das dritte, mittlere einspeisten. Ich habe damals gedacht, es wären Schallwellen, aber ich weiß es nicht, denn ich war ja natürlich nicht eingeweiht. Nach einer Weile begann das mittlere Schiff, ein Zerstörer übrigens, allmählich in einem durchsichtigen Nebel zu verschwinden, bis alles, was man von dem Schiff noch sehen konnte, sein Abdruck im Wasser war. Dann, als das Feld oder was immer das war, abgeschaltet wurde, erschien das Schiff wieder aus dem dünnen Nebelschleier. Das war wohl das Ende des Films, und ich hörte zufällig, wie einige Leute darüber diskutierten. Einige meinten, daß das Feld zu lange eingeschaltet gewesen war und daß dadurch die Probleme verursacht wurden, die ein paar von der Besatzung hätten. Einer erwähnte einen Zwischenfall, bei dem anscheinend einer von der Besatzung einfach verschwand, während er trinkend in einer Bar saß. Ein anderer erzählte, daß die Matrosen ‚immer noch nicht recht bei Sinnen wären und vielleicht niemals wieder sein würden'. Es war auch die Rede davon, daß einige der Männer für immer verschwunden wären. Der Rest der Unterhaltung fand dann außerhalb meiner Hörweite statt."

Dieser bestätigende (wenn auch im Moment nicht verifizierbare) Bericht trifft auch insofern zu, als er auf die in den Allende-Briefen enthaltenen Informationen und auch auf die erwähnten Zeitungsartikel (siehe Seite 184 f.) anspielt. Man fragt sich, warum ein solcher Film, wenn es ihn wirklich gab, im Jahr 1945 vorgeführt wurde. Eine logische Erklärung wäre, daß nach Beendigung des Zweiten Weltkrieges gewisse Projekte, die während des Krieges aufgegeben oder unterbrochen worden waren, zwecks Einschätzung oder Wiederaufnahme überprüft wurden. Vielleicht war das Philadelphia-Experiment eines davon?

Die Namen mehrerer Wissenschaftler wurden mit der Wiederaufnahme eines solchen Projekts in Zusammenhang gebracht. Die beiden für die Regierung tätigen Wissenschaftler namens Charlesworth und Carroll waren angeblich für die Installierung von Hilfsgeräten auf der DE 173 verantwortlich gewesen und sollen am Experiment teilgenommen haben, wobei sie Aufzeichnungen über die nervlichen Schäden machten, die „auf den Effekt der Wärmedurchlässigkeit infolge der Schwingungen des Magnetfeldes zurückzuführen sind".

Auch nachdem das Projekt abgebrochen worden war, teilweise wohl wegen der Nebenwirkungen auf die Mannschaft und auch wegen der bevorstehenden Verwirklichung eines anderen Geheimprojekts – der Atombombe –, blieb Charlesworth weiterhin daran interessiert. Es wird von ihm behauptet, daß er nach Beendigung des Zweiten Weltkriegs seinen

Vorgesetzten die Wiederaufnahme des Projekts – unter seiner Leitung – vorschlug, und das könnte auch der Anlaß für die oben erwähnte Vorführung des geheimen Filmes gewesen sein.

Dann ist da noch die Geschichte von jenen Zeitungsnotizen, jener Beweisstückchen, die vielleicht eine Antwort auf das ganze Rätsel wären – wenn man sie finden und verifizieren könnte. Allende zufolge gab es zwei. Die erste will er in einer Tageszeitung von Philadelphia gesehen haben. Sie betraf einen Zwischenfall in einer Bar, bei dem einige wahrscheinlich von dem Versuchsschiff stammende Seeleute auf Landurlaub angeblich sonderbare Symptome zeigten, die auf die bei den Experimenten angewandten Kraftfelder zurückgeführt wurden. Die zweite, die möglicherweise in einer Zeitung des Bezirks Norfolk erschien, berichtete vom plötzlichen Auftauchen und anschließenden Verschwinden eines Schiffes – durch Teleportation? – im Hafenbereich von Norfolk.

Im Verlauf der von einem der Autoren dieses Buchs durchgeführten Untersuchungen haben sich mehrere Leute gemeldet, die sich an diese oder ähnliche Zeitungs- oder Zeitschriftenartikel zu diesem Thema erinnerten. Einer der am häufigsten erwähnten soll zwischen Anfang 1940 und Ende 1944 im *New York World-Telegram* erschienen sein. Reilly Crabb behauptet, daß ihn vor einigen Jahren ein Ermittler anrief und erklärte, er habe wochenlang in der New Yorker Stadtbücherei alle Bände des *World-Telegram* durchsucht, aber nichts finden können. Als einzigen Hinweis entdeckte er allerdings, daß aus einigen Zeitungen der in Frage kommenden Zeitspanne ganze Seiten fehlten.

Andere Quellen behaupten, die Magazine *Life* und *Male* und das *New York World-Telegram* hätten Artikel über das Experiment selbst gebracht. Eine dieser Quellen ist eine wenig bekannte und eher bizarre Abhandlung mit dem Titel „The Hefferlin Manuscript“ aus der Zeit vor den Allende-Briefen. Darin ist von einem illustrierten *Life*-Artikel (wahrscheinlich aus den vierziger Jahren) die Rede, der über Unsichtbarkeitsexperimente berichtete, welche während des Zweiten Weltkrieges unter Leitung eines ungarischen Wissenschaftlers durchgeführt wurden. Obwohl der Bericht nicht klarstellt, ob diese Experimente in Ungarn oder in den USA stattfanden, ist die Feststellung interessant, daß jener von Dr. Rinehart als eine der treibenden Kräfte des Unsichtbarkeitsprojekts bezeichnete Dr. von Neumann 1903 in Budapest geboren wurde.

Der wirkliche Schlüssel scheint jedoch jener Artikel zu sein, den Allende im Jahr 1943 gesehen haben will. Obwohl im Lauf der Jahre schon viele behauptet haben, nach diesem Beweisstück gesucht zu haben, war bisher niemand in der Lage, auch nur den geringsten Erfolg zu verzeichnen – sehr zur Befriedigung der Gegner dieser Sache. Mit dem Erscheinen dieses Buches jedoch wird endlich das veröffentlicht, was den Durchbruch in diesem allerwichtigsten Bereich des Rätsels bedeutet: In einem Banktresorfach eines der Autoren liegt die Photokopie eines Zeitungsausschnittes, die er von einem anonymen Informanten zugeschickt bekam und die bis jetzt alle Bemühungen, ihre Authentizität in Zweifel zu stellen, überdauert hat.

Der Zeitungsausschnitt, der weder ein Datum noch einen Hinweis auf die Zeitung trägt, aus der er stammt, lautet wie folgt:

EIGENARTIGE UMSTÄNDE BEI ZWISCHENFALL IN KNEIPE

Dem Ruf der Marineküstenpatrouille um Hilfestellung bei der Schlichtung eines Kneipenzwischenfalles nahe der US-Marinewerft folgend, erlebten letzte Nacht einige Beamte der Stadtpolizei eine ziemliche Überraschung, als sie bei ihrer Ankunft den Schauplatz ohne Kunden vorfanden. Den beiden sehr verwirrten Kellnerinnen zufolge war die Küstenpatrouille zuerst eingetroffen und hatte das Lokal geräumt – allerdings erst, nachdem zwei der beteiligten Seeleute angeblich einen Akt des Verschwindens vorführten. „Sie wurden einfach zu Luft . . . genau hier“, berichtete eines der verängstigten Mädchen, „und ich hatte wirklich nichts getrunken!“ In diesem Moment habe die Küstenpatrouille eingegriffen und alle kurzerhand aus dem Lokal gedrängt, wie sie berichtete.

Eine anschließende Unterhaltung mit dem zuständigen Polizeirevier ließ keinen Zweifel darüber, daß gestern abend gegen 23 Uhr tatsächlich in der Umgebung der Marinewerft eine Art allgemeiner Aufruhr stattfand, doch bezüglich der ausgefalleneren Aspekte der Story konnte weder eine Bestätigung noch ein Dementi abgegeben werden. Ein Zeuge soll die Affäre kurz zusammenfassend als „nichts als ein Riesenwirbel dieser verdrehten Frauenzimmer" abgetan haben, die wahrscheinlich nur auf kostenlose Publicity aus wären, wie er weiter meint.

Der in dem Lokal angerichtete Schaden wurde auf etwa 600 Dollar geschätzt.

Darüber hinaus kann man nicht viel über den Zeitungsausschnitt selbst sagen. Da wir nur eine Photokopie des Ausschnitts besitzen, ist es unmöglich, eine regelrechte Analyse durchzuführen. Nach genauer Untersuchung ergibt sich jedoch als einzige wesentliche Tatsache eine etwas größere Spaltenbreite, als sie in den vierziger Jahren von irgendeiner Tageszeitung in Philadelphia verwendet wurde. Das läßt darauf schließen, daß der Artikel eher aus einer Orts- oder Bezirkszeitung der Umgebung von Philadelphia als aus einer der Zeitungen der Hauptstadt stammt. Als weitere Möglichkeit käme eine Zeitung von Camden oder Newark in Frage – eine Annahme, die teilweise durch die Tatsache gestützt wird, daß der Artikel Druckfehler aufweist und die Camdener Zeitung in den Kriegsjahren in dem Ruf stand, ziemlich schlampig gedruckt zu sein.

Im Hinblick auf die Photokopie selbst hat einer der Autoren mehrfach versucht, etwas über ihre Herkunft herauszufinden – wobei er sogar nicht einmal vor der Anwendung gewisser Tricks zurückschreckte, um den Urheber „auszuräuchern". Trotzdem war alles vergeblich. Die wahrscheinlichste Vermutung zum Zeitpunkt dieser Niederschrift lautet, daß dieselbe unauffindbare Person, die Reilly Crabb von einem Onkel, „dem pensionierten Warrant Officer der Marine", erzählte, als Antwort auf eine der Anfragen eines der Autoren diesem den Zeitungsartikel anonym zusandte. Das ist natürlich eine reine Vermutung und stützt sich nur auf die Tatsache, daß der Briefumschlag, in dem der Zeitungsausschnitt geschickt wurde, den Poststempel derselben Stadt trug wie der Umschlag des Briefes an Crabb. Bevor nicht der Artikel selbst wirklich bestätigt ist, entweder indem man die Herkunft der Photokopie oder das Erscheinungsdatum und den Namen der Zeitung feststellt, in welcher der Artikel ursprünglich erschien, wird er weiterhin ein Rätsel bleiben.

Anläßlich von Vorträgen über das Bermuda-Dreieck während der letzten Jahre in vielen amerikanischen und europäischen Städten hat einer der Autoren, Charles Berlitz, immer wieder von Zuhörern Berichte erhalten, die das Philadelphia-Experiment bestätigen, obwohl er es in seinen Vorträgen nur ganz kurz erwähnte. In den Städten Philadelphia, Trenton, Baltimore und Washington geschah das besonders häufig. In vielen Fällen behaupteten die Leute, daß sie zur fraglichen Zeit in der Marinewerft von Philadelphia beschäftigt waren. Oder sie hatten im Konvoidienst von den unheimlichen Vorgängen um die DE 173 erfahren. Andere hatten Seeleute gekannt, die in das Experiment verwickelt waren, oder seinerzeit von den verschwindenden Radaubrüdern in der „Seamen's Lounge" gehört.

In jedem Fall jedoch bekundeten all diese Leute die feste Entschlossenheit, ihre Namen nicht anzugeben – sei es unter Hinweis auf die seinerzeitigen strengen Geheimhaltungsvorschriften oder sei es unter Hinweis auf die ihnen möglicherweise drohenden Gefahren.

Weitere Berichte treffen laufend ein. Einer davon ist ziemlich aufsehenerregend und wurde von einer Frau geliefert, welche die betroffene Person gut kannte. Es handelt sich um eine gewisse Marie Warchowski (oder Witkowski), die angeblich ein Verhältnis mit einem der Matrosen der DE 173 hatte.

Als sich bei ihm „seltsame Symptome“ als Nebenwirkungen des Feldes zeigten, schaffte ihn die Marine in aller Eile ins Bethesda-Hospital. Marie war von diesem Zwischenfall sehr mitgenommen, gab sich ihrer Verzweiflung hin und wurde kurz darauf bei einem „grotesken Unfall“ getötet.

Ein weiteres Problem bilden die immer wieder auftauchenden merkwürdigen Umstände im Zusammenhang mit Jessups Tod. War es wirklich Selbstmord, wie es den Anschein hatte, oder wurde er ermordet, weil er zuviel wußte? Erst kürzlich kamen wieder neue Hinweise zutage.

Der erste Anhaltspunkt kommt von Mrs. Anna Genslinger aus Miami, die sich zusammen mit einem befreundeten Polizeileutnant Zugang zu den Akten des Leichenbeschauers von Dade County, Florida, über den Fall Jessup verschaffte. Aus diesen Unterlagen geht hervor, daß Jessups Blut zum Zeitpunkt seines Todes mit einer normalerweise mehr als tödlichen Menge Alkohol übersättigt war. Mrs. Genslinger zufolge nahm Jessup zu dieser Zeit auch ständig Medikamente, die zusammen mit einer derartigen Menge Alkohol sofort tödlich gewirkt haben könnten, zumindest aber weit mehr als ausreichten, ihn völlig bewegungsunfähig zu machen. Er wäre absolut nicht in der Lage gewesen, aus eigener Kraft ins Auto zu kommen, geschweige denn noch mehrere Kilometer bis zum County Park zu fahren, eine Selbstmordankündigung zu schreiben und dann den Schlauch am Auspuffrohr seines Wagens zu befestigen. Übrigens wurde nie eine Autopsie vorgenommen – eine höchst ungewöhnliche Vorgangsweise bei einem Selbstmord. Selbstverständlich ist das noch kein Beweis für Mord, aber immerhin sehr aufschlußreich.

Ebenso interessant ist der Fall des Schriftstellers und Forschers James R. Wolfe, der sich einige Zeit mit Ermittlungen über das Allende-Rätsel befaßte. Wolfe hatte ein Buch über dieses Thema zu schreiben begonnen, als er plötzlich verschwand, noch bevor das Buch vollendet war. Merkwürdigerweise führte Wolfes Verschwinden zur Entdeckung weiterer, im nächsten Kapitel behandelter Hinweise. Vor seinem Verschwinden jedoch hatten Wolfe und einer der Autoren, William L. Moore, Informationen ausgetauscht. Als sie die Möglichkeit diskutierten, daß Jessup ermordet wurde, erklärte der ehemalige Marineangehörige Wolfe, daß er es zunächst nicht geglaubt hatte, später aber davon überzeugt wurde. Er fuhr fort, der Hauptgrund für die noch immer anhaltende Geheimhaltung des Philadelphia-Experiments sei nicht der Schaden, den das Wissen darüber der Marine zufügen würde – sondern es könne vielmehr das Image *eines gewissen Mannes* darunter leiden. Laut Wolfe hatte dieser Mann mehr als genug Einfluß, um nicht nur die Ermordung von Jessup zu veranlassen, sondern auch für einen reibungslosen Ablauf zu sorgen. Wolfe sagte nicht, an welchen Mann er dabei dachte – und er wurde auch nicht danach gefragt.

Aus einer anderen Richtung wurde uns ein weiterer wahrscheinlicher Anhaltspunkt geliefert, und zwar durch einen Gewährsmann von Charles Berlitz, einer der beiden Autoren. Dieser Mann, der sich entschieden weigerte, namentlich genannt zu werden, vertraute Berlitz an, er habe in den Unterlagen der Marine in Washington, D.C., streng geheime Dokumente gesehen, aus denen hervorging, daß zumindest einige Phasen des Experiments *noch immer* im Gange sind. Außerdem wird über wissenschaftliche Abteilungen privater Universitäten berichtet, von denen einige möglicherweise von der Regierung subventioniert sind und Forschungen auf dem Gebiet der magnetischen Teleportation betreiben, wobei Unsichtbarkeit als Begleitumstand der Experimente auftritt. In Berichten aus jüngster Vergangenheit wird erwähnt, daß solche Versuche in der Forschungsanlage der Stanford Universität in Menlo Park, Palo Alto, Kalifornien, und am MIT in Boston stattfinden. Um jedoch mit den Worten eines der Informanten zu sprechen, des Psychologen M. Akers aus San José, Kalifornien: Solche magnetischen Experimente „werden scheel angesehen, weil sie nachteilige Folgen für die Forscher haben, die damit arbeiten“.

Hat das Philadelphia-Experiment tatsächlich stattgefunden?

Findet es vielleicht noch immer statt? Das letzte Kapitel über diese inoffizielle Untersuchung liefert das allerseltsamste der bisher aufgedeckten Teile zum Puzzle.

## 12

# Der Kreis schließt sich

Das erste Kapitel dieses Buches berichtete von einer zufälligen Begegnung in einem Park in Colorado Springs, die zu einer erstaunlichen Bestätigung des Philadelphia-Experiments führte. Einem neutralen Ermittler könnte jener Bericht natürlich zweifelhaft erscheinen, und zwar vor allem wegen der Behauptung, daß einige der in das Schiffsexperiment verwikkelten Männer in eine andere Welt übergegangen wären und seltsame fremdartige Wesen gesehen und mit ihnen gesprochen hätten. Es ist ja auch nicht leicht zu glauben, daß die US-Marine im Verlauf ihrer Arbeit mit Kraftfeldern und ihrer Versuche in bezug auf Radarunsichtbarkeit unversehens auf den Weg zu einer anderen Welt stieß, oder daß die US-Regierung vor so langer Zeit schon durch das sogenannte Philadelphia-Experiment tatsächlich mit einer fremden Zivilisation in Kontakt kam und diesen Kontakt auf streng geheimer Basis bis zum heutigen Tage *aufrechterhielt.* Nichtsdestoweniger, wenn es so *wäre,* würde das den offiziellen Vorhang des Schweigens über so viele Themen erklären, nicht zuletzt über UFOs. Aber wie sollte man das beweisen? Sicherlich kann man die unbestätigte Aussage eines nicht identifizierten Mannes in einem Park in Colorado kaum als schlüssigen Beweis werten. Was könnte man anderes tun, außer den Mann zu finden – was auf jeden Fall äußerst unwahrscheinlich ist? Und selbst wenn man ihn ausfindig macht, was könnte er über das hinaus bieten, was er schon erzählt hat?

Wenn wir eine Bestätigung für eine derart bizarre Behauptung finden wollen, muß das durch andere Zeugen geschehen

– durch jemanden, der nichts mit dem Davis/Huse-Vorfall zu tun hatte, der aber die gleichen oder sehr ähnliche Tatsachen berichten kann. Durch eine solche Informationsquelle würde diese bisher eher unglaubliche Geschichte ganz gewiß eine wesentlich höhere Glaubwürdigkeit erlangen. Aber können wir eine solche Quelle finden?

Kürzlich aufgetauchte Nachrichten deuten zunächst auf eine andere Quelle hin. Der Vorgang, welcher zu ihrer Entdekkung führte, ist fast so bestürzend wie die Geschichte selbst und bringt uns schließlich zu jenem Forscher und Schriftsteller James R. Wolfe zurück, von dem im vorigen Kapitel berichtet wurde, daß er auf eigene Faust zu einigen Schlußfolgerungen hinsichtlich der Beziehung zwischen Allende und dem Philadelphia-Experiment gelangt war. Hier der Bericht William L. Moores, eines der Autoren dieses Buchs:

Im Februar 1978, einige Monate nach meinem letzten Kontakt mit Wolfe, hörte ich erstmals von verschiedenen Seiten, daß Wolfe verschwunden sei. Einen Hinweis erhielt ich von meinem Co-Autor Charles Berlitz, der die Geschichte von einem Geschäftsfreund aus der Verlagsbranche hatte. Ich war zwar neugierig, aber mit anderen Dingen so beschäftigt, daß ich der Sache nicht sofort nachging; und als ich dann endlich an Wolfe schrieb, kam der Brief als „unzustellbar“ zurück. Ich fand das zwar eigenartig, schob aber weitere Schritte wieder hinaus, bis ich mehr Zeit haben würde.

Dann kam es zu einer ganzen Reihe von außergewöhnlichen Ereignissen. Anfang Mai 1978 erhielt ich den Anruf einer Frau namens Michelle Alberti, die sich als Sekretärin bei CUFORN Incorporated vorstellte, einer spiritistischen Forschungsgruppe in Willowdale, Ontario (Kanada). Sie erklärte, daß sie bei der Ermittlungstätigkeit ihrer Gruppe hinsichtlich des Philadelphia-Experiments von einem gewissen James R. Wolfe gehört habe, der angeblich über die Sache informiert sei. Als sie ihn ausfindig zu machen versuchte, hatte sie zu ihrer Enttäuschung erfahren, daß er „verschwunden“ sei. Weitere Nachforschungen hätten „Beweise“ dafür ergeben, daß er tot ist. Da ihr sofort der Verdacht auf einen weiteren „Todesfall à la Jessup" kam, rief sie Gray Barker in Clarksburg, West Virginia, an, um ihn zu fragen, was er darüber wußte. Bei diesem Gespräch gab ihr Barker meinen Namen. Ich sei nicht nur mit einer eingehenden Untersuchung über das Philadelphia-Experiment befaßt, sondern wäre auch in regelmäßiger Verbindung mit Wolfe gestanden. „Und darum rufe ich Sie an", sagte sie. „Können Sie mir irgend etwas über die Umstände von Wolfes Tod sagen?"

Nachdem ich mich von meinem ersten Schock erholt hatte, konnte ich ihr nicht allzuviel weiterhelfen. Ich gab zu, daß ich gerüchtweise von Wolfes Verschwinden gehört hatte, aber nichts Genaues darüber wußte. „Daß Sie mir jetzt erzählen, er sei tot", sagte ich, „ist ein ziemlicher Schock für mich." Ich versprach ihr, mich zu melden, wenn sich irgend etwas ergeben sollte. Wolfes Verschwinden und sein angeblicher Tod sind zum Zeitpunkt dieser Niederschrift noch immer ein Rätsel.

Zwei Fragen stellen sich: Wie und warum wurde dieses Gerücht ausgestreut, und wo befindet sich Wolfe jetzt? Im Verlauf des Gesprächs fragte ich Michelle Alberti, wie sie dazu gekommen sei, sich für das Philadelphia-Experiment zu interessieren. „Das steht im Zusammenhang mit unserer Untersuchung einer Begegnung der dritten Art hier in Kanada", sagte sie. Und das war ihre Geschichte:

Am späten Abend des 7. Oktober 1975, einem Dienstag, erhielt der siebenundzwanzigjährige Tischler Robert Suffern im ländlichen Bracebridge, Ontario, einen Telefonanruf seiner Schwester, die ein Stückchen weiter an derselben Straße wohnt. Sie bat ihn, er möge doch einen eigenartigen Lichtschein untersuchen, der von einer nahen Scheune zu kommen schien. Suffern fuhr sofort zu der Scheune hinüber und sah sich kurz um. Da er nichts Ungewöhnliches entdecken konnte, fuhr er wieder los, um seine Schwester aufzusuchen. Da sah er plötzlich zu seiner Bestürzung ein dunkles, untertassenförmiges Objekt mit einem Durchmesser von etwa 3,5 bis 4 Meter, das auf der kiesbedeckten Straße genau vor ihm hockte.

„Ich hatte Angst", erzählte er später einem Reporter der *Toronto Sun.* „Es war direkt vor mir, ohne Licht und ohne ein Zeichen von Leben." Sein Auto war noch nicht ganz zum Halten gekommen, sagte er, als das Objekt „senkrecht hochstieg und verschwand".

Sufferns Story zufolge hatte er kaum seinen Wagen gewendet, um nach Hause zu fahren, als eine seltsame, etwa 1,2 Meter große menschenähnliche Gestalt mit „sehr breiten Schultern, die nicht in Proportion zum übrigen Körper standen", in silbergrauem Anzug mit kugelartigem Helm, auf die Straße und genau vor sein Auto lief. Suffern trat voll auf die Bremse, kam auf dem losen Kies ins Schleudern und vermied nur knapp einen Zusammenstoß mit diesem Wesen, das prompt auswich, zum Straßenrand lief, über einen Zaun sprang und in einem Feld verschwand. In Sufferns Aussage gegenüber dem *Sun*-Reporter hieß es, „als die Gestalt zum Zaun kam, legte sie eine Hand auf einen Pfosten und setzte völlig mühelos darüber hinweg, so als hätte sie kein Gewicht".

Völlig verwirrt durch diese Begegnung, raffte sich Suffern schließlich so weit auf, nach Hause zu fahren. Doch als er dann aus dem Fenster sah, mußte er entdecken, daß das UFO zurückgekommen war und diesmal langsam dicht über der Straße schwebte.

Im nächsten Moment umflog es einen Hochspannungsmast und verschwand wieder, anscheinend kerzengerade hinauf in den Nachthimmel.

Weder Verwandte und enge Freunde, noch Reporter, Untersuchungskommissionen und einfach Neugierige, die sein Farmhaus in den nächsten Wochen aufsuchten, konnten ihn von dieser Geschichte abbringen.

„Ich weiß, was ich gesehen habe", sagte er. „Und ich lege nicht den geringsten Wert darauf, dieses Wesen noch einmal wiederzusehen."

Wenn die Geschichte hiermit endete, wäre sie nicht mehr als eine weitere Ergänzung der ständig wachsenden Liste von mysteriösen und schwer überprüfbaren Fällen von Begegnungen der dritten Art in den letzten Jahren. Aber es ging noch weiter. Am 15. Juli 1976, also etwa neun Monate nach dem Zwischenfall von Bracebridge, folgte Harry Tokarz, einer der CUFORN-Ermittler, zusammen mit einem Filmemacher „den Spuren von mehreren UFO-Berichten in ganz Ontario“ zur eventuellen Verwendung in dem Dokumentarfilm *UFO – The Canadian Perspective.* Da sie sowieso in der Gegend von Bracebridge waren, entschlossen sie sich zu einem Besuch bei Suffern, um vielleicht noch etwas Brauchbares über den Vorfall aus dem Jahr 1976 zu erfahren.

Weder Suffern, den Tokarz als einen Menschen beschreibt, „der seine Gedanken gut abwägt“, noch seine Frau, „ein hausbackenes Mädchen vom Lande, das mit seinen Ansichten nicht zurückhält“, zeigten besonderes Interesse für eine Diskussion über UFOs – was nicht allzusehr überrascht, wenn man den Streß bedenkt, dem das Ehepaar nach dem Zwischenfall im Oktober ausgesetzt war. Es bedurfte des Versprechens, keinerlei Ausrüstung mitzubringen, und der ehrenwörtlichen Zusage, daß es nur darum ging, „neue Einzelheiten zu erfahren, die bei . . . den Untersuchungen des vergangenen Jahres noch nicht zutage kamen“, bevor sie überhaupt zu einem Gespräch bereit waren. Das Ergebnis war ein fünfstündiges, hochinteressantes Interview.

„Nachdem die Sufferns sich erst einmal auf das Thema UFO eingestellt hatten, kamen zwei interessante Tatsachen ans Licht. Einmal, daß sowohl Suffern als auch seine Frau der Meinung waren, über UFOs völlig aufgeklärt zu sein, ohne der Sache aber viel Bedeutung beizumessen. Und zweitens entdeckten wir, daß sie das folgende noch mit *niemandem* besprochen hatten.“

Übrigens ist der einzige Grund dafür, daß die Sufferns diese verblüffenden Enthüllungen überhaupt machten, einem Versprecher von Mrs. Suffern im Lauf des Interviews zu verdanken.

Zitat aus Tokarz' Bericht, der im Mai 1977 in der CUFORN-Zeitschrift *The Pulse Analyser* erschien:

Nachdem wir nun schon einmal auf die tatsächliche Situation aufmerksam geworden waren, ließ Suffern seine Vorsicht fallen und entschloß sich, uns ins Vertrauen zu ziehen. Zunächst zögernd, begann er doch bald, eindringlich über die Angelegenheit zu sprechen. Es schien ihm sehr viel an unserem Interesse für diese Sache zu liegen, und je weniger wir fragten, desto mehr erzählte er . . .

Am 12. Dezember 1975, als die Sufferns allmählich wieder Ordnung bei sich einkehren sahen (nachdem ihre Farm wochenlang von Andenkenjägern buchstäblich überschwemmt war), wurden mit einem Straßenkreuzer der Ontario-Provinzpolizei drei Männer zu ihrem Haus gebracht. Sie waren in voller Uniform, hatten eindrucksvolle Empfehlungsschreiben und stellten sich als *Oberste Dienstgrade* der Kanadischen Armee in Ottawa, der US-Luftwaffe, Pentagon, und des US-Marine-Geheimdienstes vor. Suffern, der bis dahin über seine UFO-Begegnung recht beunruhigt gewesen war, behauptet, daß *alle* seine Fragen von diesen drei hilfreichen Herren *rückhaltlos und ohne Zögern* beantwortet wurden. „Sie legten ihre Karten auf den Tisch" und gaben ihm die Antworten über das Woher, das Was und das Warum. Sie ließen durchblicken, daß die Regierungen der USA und Kanadas schon seit 1943 alles über UFOs wußten und seither mit den *fremden Wesen* zusammenarbeiteten!

Als wenn das nicht schon genug gewesen wäre, um es auf einmal zu schlucken, werfen uns die militärischen „Alleswisser" noch einen Brocken hin, indem sie sich nämlich für den unliebsamen Zwischenfall vom 7. Oktober *entschuldigten.* Sie behaupteten, es wäre eine *Panne* gewesen! Suffern sprach den Gedanken aus, daß es sich wohl um ein supergeheimes Militärflugzeug gehandelt habe. Nein, sagten sie, es war eine Fehlfunktion der Untertasse, die sie zur Landung auf seinem Grundstück zwang, komplett mit ihrer Besatzung fremder Wesen. Mrs. Suffern konnte das nicht glauben, doch als sie eingehendere Fragen stellte, rückte einer der Offiziere mit der genauen Landezeit heraus – auf die Minute –, eine Einzelheit, von der nur die Sufferns wußten und die sie niemandem weitererzählt hatten. Übrigens hatten sie insgesamt drei UFO-Sichtungen über ihrem Grundstück, wovon sie aber nur die letzte meldeten, und *wieder* gab ihnen das allwissende Trio die genauen Daten und Uhrzeiten bekannt. Sie waren mit einer ganzen Ladung von Büchern und Daten (komplett mit MG-Fotos von UFOs) ausgerüstet und betonten nochmals, daß die Landung eine *Panne* war und nicht hätte passieren dürfen . . .

. . . Ferner erfuhren wir, daß die Militärs von den UFO-Besatzungen noch immer als „Humanoiden" sprechen. Die erste Kontaktaufnahme hatte offenbar im Jahr 1943 stattgefunden, und unsere Armee ist seither über die Bewegungen der fremden Wesen auf unserem Planeten unterrichtet . . .

. . . Suffern bestand unerbittlich darauf, daß alle seine Fragen über den Flugkörper und seine Insassen „zu seiner Befriedigung" beantwortet würden, trotz der Tatsache, daß schon (viele) zivile Ermittler ihn besucht und alternative Hypothesen angeboten hatten, um das Rätsel für ihn zu lösen. Viele kamen der Sache nahe, doch keiner antwortete mit dem gleichen „Grad an Genauigkeit" . . .

. . . Der kritische Punkt bei Sufferns Begegnung ist die Tatsache, daß er beinahe einen Autozusammenstoß mit einem physischen Wesen hatte, das mit einem einteiligen silbrigen Anzug bekleidet und von gedrungener Gestalt war. Wenn eine Kontaktaufnahme *wirklich* stattgefunden hatte, dann hätte es schlimme Folgen haben können, wenn er dieses Wesen tatsächlich überfahren hätte. Das könnte der Grund für die militärische Intervention und die ungewöhnliche Offenheit sein . . .

Die Sufferns bleiben fest bei ihrer Aussage, daß die drei Militärs alle ihre Fragen sofort und mit unheimlicher Präzision beantworteten. Suffern selbst behauptet, die Identität dieser drei Leute zu kennen und beweisen zu können, daß sie keine Schwindler waren. Er stellt auch in Abrede, daß er an die kanadische Geheimhaltungsverfügung gebunden sei, und nennt als einziges Motiv dafür, daß er die Details für sich behält, „moralische Gründe“: Er wolle einfach nur seinen Teil des Übereinkommens erfüllen und sich in dieser Sache an die „Wünsche der Regierung“ halten.

Ein weiterer interessanter Punkt ist die offensichtliche Existenz gewisser, nicht veröffentlichter Hinweise, die der Ermittler von CUFORN behauptet ausgegraben zu haben und die besagen, daß die kanadischen und die US-Behörden die Sufferns einer gründlichen medizinischen und psychologischen Untersuchung unterzogen, bevor sie sich dann im Dezember insgeheim mit ihnen trafen – vielleicht zu dem Zweck, im vorhinein beurteilen zu können, wie die Sufferns auf die Enthüllungen reagieren würden, die ihnen bevorstanden.

Dieser Bericht, so phantastisch er auch erscheinen mag, steht in wesentlichem Zusammenhang mit den Enthüllungen, die jener Mann im Park von Colorado Springs einige Jahre vorher gegenüber Davis und Huse machte. Könnte Suffern von diesem Vorfall gehört und ihn benutzt haben, seine eigene Version der Story zu schaffen? Der Hinweis auf eine „Kontaktaufnahme mit fremden Wesen im Jahr 1943“ und das verblüffende Erscheinen eines amerikanischen Offiziers vom Marine-Geheimdienst – der normalerweise nicht das geringste mit UFO-Forschung zu tun hat – sind ganz besonders überraschend.

Die Erwähnung von UFOs oder „fremden Wesen“ ist natürlich dazu prädestiniert, Zweifel an der Authentizität jedes rätselhaften Ereignisses oder jeder Theorie darüber aufkommen zu lassen. Trotzdem scheinen UFOs eine Tatsache zu sein, ganz gleich welcher Herkunft, welcher Identität oder zu welchem Zweck, und jene Techniker, die mit dem Weltraum zu tun haben – also Astronomen, Astronauten, Physiker und Kosmologen –, sind UFOs gegenüber oft viel weniger skeptisch als Regierungsbehörden. Einige Wissenschaftler, die weder für den Beweis noch für den Gegenbeweis der Anwesenheit von UFOs an unserem Himmel kämpfen, stellen Überlegungen an, warum sie sich wohl zu gewissen Zeiten an gewissen Orten manifestieren sollten.

Professor Stan Friedman, ein Nuklearphysiker in Hayward, Kalifornien, nennt als Grund, warum die fremden Intelligenzen durch das Philadelphia-Experiment angezogen worden sein könnten, die starke Konzentration von elektromagnetischem „Überfluß", den das Experiment erzeugte. Professor Friedman hat persönlich eine Anzahl von anderen Fällen untersucht, wo Berichten zufolge UFOs als unerwünschte Reaktion auf elektromagnetische Experimente erschienen; nach seiner Theorie würden UFOs, wenn sie unsere Erde beobachten, wahrscheinlich eine funktionelle elektromagnetische Landkarte benutzen, und wenn dann irgendwo helle Flecken oder Punkte erscheinen, für die aus ihrem Raster keine genaue Begründung ersichtlich ist, würden sie natürlich deren Ursache an Ort und Stelle untersuchen.

Die Suche nach Informationen über das Philadelphia-Experiment hat zu vielen Orten, vielen Menschen und zahllosen Akten, Aufzeichnungen – und in viele Sackgassen geführt. Doch sie hat auch gelegentlich Dinge aufgedeckt, die man gar nicht wissen wollte oder nie vermutet hätte, vor allem Hinweise auf außerirdische (oder interdimensionale) Wesen. Wenn ein Schiff nach Plan oder aus Versehen in einen anderen Raum oder in ein anderes Energiekontinuum versetzt werden *könnte,* wäre es nicht unwahrscheinlich, daß seine Besatzung auf der anderen Seite des Unsichtbarkeit-Vorhangs, der benachbarte, aber nicht tangierende Welten verhüllt, auch mit deren Wesen zusammentreffen würden. Man stelle sich die interessante Möglichkeit vor, daß bei einem vor mehr als fünfunddreißig Jahren von der Marine der Vereinigten Staaten geförderten Experiment zufällig der Weg durch ein Tor zu einer anderen Welt gefunden wurde und daß dieses Experiment und seine Resultate seither ein streng gehütetes Geheimnis geblieben sind.

Unabhängig davon, ob diese Annahme zutrifft oder nicht, ist noch immer die erstaunliche Frage offen, welches Motiv die Geheimdienste der USA und Kanadas gehabt haben könnten, solche Informationen an die Sufferns weiterzugeben. Es kann mehrere ganz unterschiedliche Möglichkeiten geben:

1. Es ist der Teil eines Planes, der Öffentlichkeit während einer längeren Zeitspanne die Wahrheit Stück für Stück beizubringen – unauffällig in kleinem Maßstab beginnend und allmählich zu offiziellerem übergehend.

2. Das Ganze ist eine Verfahrensweise der Geheimdienste, um entweder die psychologische Wirkung zu testen, die eine solche Story auf gewisse „Zielpersonen" ausüben würde, oder eine bereits unklare Sache noch mehr zu vernebeln.

3. Es gab tatsächlich einen beinahe tragischen Unfall, und eine Regierungsstelle wurde von den Außerirdischen beauftragt, sie dafür zu „entschuldigen".

Außer diesen Möglichkeiten mag es natürlich noch andere geben, die mit Motiven und Kräften zusammenhängen, die für uns noch zu undeutlich sind, als daß wir ihnen Namen geben könnten.

Das war in gewisser Hinsicht auch ein bemerkenswertes Charakteristikum des angeblichen Philadelphia-Experiments. Aber irgend etwas ist im Jahr 1943 in der Marinewerft von Philadelphia passiert, das deutliche Spuren in Erzählungen, in Büchern, in Zeitungsartikeln, in Dokumenten und im Gedächtnis der Menschen hinterlassen hat.

Es wäre natürlich nicht das erste Mal, daß eine wissenschaftliche Errungenschaft ihrer Zeit voraus ist und wegen unvorhergesehener Nebenwirkungen aufgegeben wurde – oder einfach deshalb, weil die Notwendigkeit des Experiments nicht mehr gegeben und etwas anderes vordringlicher war, so daß – wie in diesem Fall – die „erfolgreiche" Atombombe dem schwer kontrollierbaren Unsichtbarkeitsexperiment mit seinen interdimensionalen Konsequenzen gegenüberstand.

Man sollte hier die Meinung des anerkannten Wissenschaftlers Dr. James Moffet, Physiker an der Universität von Toronto, beherzigen. Auf die Frage, ob eine Sache wie das Philadelphia-Experiment passieren konnte, antwortete er, daß auf kosmischer oder astrophysikalischer Ebene solche Phänomene „ständig" auftreten. Wie er sagt, ist er an die Arbeit mit Problemen dieser Art wie an etwas Alltägliches gewöhnt, obwohl sie ganz strikt auf große Energiemengen und große astrophysikalische Körper beschränkt sind. „Ein solches Phänomen unter den derzeitigen hiesigen Umständen auf die Ebene der Erde herunterzubringen", lauten seine Worte, „scheint nicht in den Rahmen gegenwärtiger Theorien zu passen. Allerdings müssen Sie bedenken, daß Einstein, als er 1905 seine Relativitätstheorie verkündete, dies im Hinblick auf große Körper astrophysikalischer Größenordnung tat. Es kam ihm gar nicht in den Sinn, daß seine Theorie auch auf Aktionen anwendbar sein könnte, die zwischen einzelnen Atomen stattfinden. Als in den dreißiger Jahren offenbar wurde, daß die kontrollierte Atomspaltung möglich ist, machte das eine neuerliche Überprüfung der Relativitätstheorie im Hinblick darauf notwendig, ob sie auch eine solche Möglichkeit vorsieht. Das ist der Fall, und dieses Ergebnis diente dazu, die Theorie selbst zu bekräftigen. Dasselbe *könnte* für die Einheitliche Feldtheorie zutreffen, die derzeit nur auf astrophysikalischer Ebene anwendbar scheint, die jedoch weitere Anwendungsmöglichkeiten haben *könnte,* welche die Wissenschaft noch nicht entdeckt hat. Für einen wirklichen Physiker ist es deshalb notwendig, immer unvoreingenommen zu bleiben."

Obwohl milde formuliert, ist diese letzte Ermahnung Dr. Moffets gleichzeitig ein Aufruf, die fernen Weiten des Universums, die unendliche Struktur der Materie und die schrankenlosen Randgebiete der Zeit zu erforschen.

Das Rätsel um das Philadelphia-Experiment ist noch nicht aufgeklärt, und seine endgültige Antwort mag tief in den Akten des US-Marineministeriums ruhen. Vielleicht ist der ganze Vorfall ein Märchen und fand niemals statt, wie die Marine so beharrlich behauptet. Wenn man anderseits aber die

Menge von Beweismaterial in Betracht zieht, die im Lauf der Jahre zusammengetragen wurde, und wenn das Philadelphia-Experiment nicht wie beschrieben stattfand, *was geschah dann wirklich* im Oktober 1943 in jenem streng geheimen Bereich der Marinewerft von Philadelphia?

Die Autoren möchten ihren aufrichtigen Dank und ihre Wertschätzung gegenüber folgenden Personen und Organisationen zum Ausdruck bringen, ohne deren Hilfe und Ermutigung es nicht möglich gewesen wäre, dieses Buch zu schreiben. In alphabetischer Reihenfolge:

Dr. Som Agarwal – Physiker, Lehrer
Mike Akers – Psychologe
Michelle Alberti – Forscherin
Janel Anderson – Chemiker
Janie Anderson – Lehrerin
Robert F. Anderson – Lehrer
Carlos Miguel Allende
Mrs. P. Aponte-Allende
Gray Barker – Schriftsteller, Verleger
Valerie Berlitz – Schriftstellerin, Künstlerin
Lin Berlitz – Forscherin
Mrs. Ellis (Susan) Blockson – Historikerin
T. Townsend Brown – Physiker, Erfinder
Johannes von Buttlar – Schriftsteller, Forscher
Reilly H. Crabb – Forscher, Dozent, Verleger
James V. Dalager – Rechtsanwalt
Mary B. D'Antonio – Lehrerin
James Davis jr. – Computerverkauf
Mrs. Crystal Dunninger
Frederick C. Durant III – Direktor, Kurator des National Air and Space Museums
Helen Ellwood – LPN
Stanton T. Friedman – Physiker, UFO-Forscher, Schriftsteller
Vincent Gaddis – Schriftsteller, Forscher
Mrs. Anna Genslinger – Forscherin
Owen Heiberg – Redakteur, Journalist

Dr. Merle Hirsch – Physikerin, Lehrerin
Commander George W. Hoover – USN (i. R.)
Robert Horning – Student, Photograph
Allen Huse – Wissenschaftler
Dr. David M. Jacobs – Historiker, Schriftsteller
John A. Keel – Schriftsteller, Forscher
Coral Lorenzen – Schriftstellerin, UFO-Forscherin
James Lorenzen – Schriftsteller, UFO-Forscher
Patrick Macey – Forscher
Gary C. Magnuson – Lehrer
Nick Magnuson – Forscher
Dorothy M. Moore – Archivarin, Historikerin
Duke Moore – Künstler
Lee Moore – Computer-Programmierer
Randy McIntosh – Forscher, Erfinder
Otto Nathan – Schriftsteller, Nachlaßverwalter Albert Einsteins
Joan W. O'Connell – Schriftstellerin, Forscherin
Dr. Linus Pauling – Wissenschaftler, Nobelpreisträger
Lt. Col. i. R. Kenneth Peters – Militärhistoriker
Dr. Raymond A. Rossberg – Arzt
Sabina W. Sanderson – Schriftstellerin, Redakteurin
Nate Singer – Mentalist, Spiritist
Otto Alexander Steen – Ingenieur, Archivar, Dozent
Gene Steinberg – UFO-Forscher, Schriftsteller
Harry Tokarz – Präsident von CUFORN
Dr. J. Manson Valentine – Ozeanograph, Archäologe, Forscher, Kartograph
Bob Warth – Forschungschemiker, Präsident von SITU
James R. Wolfe – Schriftsteller, Forscher
John David Wood – Präsident von Solarlogos Incorporated

Institutionen, Firmen:
The Aerial Phenomena Research Organization, Tucson, Ariz.
Borderland Sciences Research Foundation, Vista, Calif.
Carnegie Library of Pittsburgh, Pa.

CUFORN, Inc., Willowdale, Ontario, Canada
Duquesne University Library, Pittsburgh, Pa.
The Einstein–Steen Sticks and Stones Museum & Library, Tujunga, Calif.
*The Herman Review,* Herman, Minn.
Matson Navigation Company, San Francisco, Calif.
Minneapolis Public Library
Morris Public Library, Morris, Minn.
National Air and Space Museum, Smithonian Institute
National Archives, Washington, D.C.
*The New York Times*
National Investigations Committee on Aerial Phenomena, Kensington, Md.
Sewickley Public Library, Sewickley, Pa.
Society for the Investigation of the Unexplained, Little Silver, N.J.
University of Michigan Library, Ann Arbor, Mich.
University of Minnesota Library, Morris, Minn.
U.S. Department of the Navy
U.S. Department of Commerce
Varo Corporation, Garland, Tex.

und die vielen anderen, die Hilfe, Information oder Ermutigung beisteuerten, die aber aus dem einen oder anderen Grund auf diesen Seiten nicht genannt werden konnten. Besondere Würdigung gilt Robert Markel, Redakteur, dessen Interesse für das Philadelphia-Experiment ein wichtiger Beitrag zur Veröffentlichung dieses Buches war.

## Chronologische Bibliographie


1947 Frank, Philip, *Albert Einstein, his Life and Times.* Alfred Knoff, New York, 1947

1955 Jessup, M. K., *The Case for the UFO.* Citadel Press, Secaucus, N.J., 1955

1957 Hlavaty, Vaclar, *Geometry of Einstein's Unified Field Theory.* Indiana University Press, Bloomington, Ind., 1957

1962 Crabb, Reilly H., *M. K. Jessup, the Allende Letters and Gravity.* BSRF Publications, Vista, Calif., 1962

1963 Barker, Gray, *The Strange Case of Dr. M. K. Jessup.* Saucerian Press, Clarksburg, W. Va., 1963

1964 Gaddis, Vincent, *Invisible Horizons.* Chilton Book Company, Philadelphia, 1964

1964 Barnothy, Madelene P., *The Effects of Magnetic Fields.* Plenum Co., New York, 1964

1967 Steiger, Brad, „Fantastic Key to the Flying Saucer Mystery." *Saga,* November 1967

1967 Sanderson, Ivan T., *Uninvited Visitors: A Biologist Looks at UFOs.* Henry Regnery Co., Chicago, 1967

1968 Binder, Otto, *Flying Saucers are Watching Us.* Tower Books, New York, 1968, 1970

1969 Sanderson, Ivan T., „M. K. Jessup", *Pursuit,* 30. September 1968

1968 O'Connell, Joan W., und Steiger, Brad, *New UFO Breakthrough.* Award Books, New York, 1968

1969 Lorenzen, James, und Coral, Hsg., *A.P.R.O. Bulletin,* Juli-August 1969. Aerial Phenomena Research Organization, Tucson, Ariz.

1970 Le Poer Trench, Brinsley, *Flying Saucers Have arrived.* World Publishing Company, New York, 1970
1971 Flammonde, Paris, *The Age of Flying Saucers.* Hawthorne Books, New York, 1971
1973 Jessup, M. K., und Barker, Gray, *The Case for the UFO, Varo Annotated Edition,* facsimile. Saucerian Press, Clarksburg, W. Va., 1973
1973 von Buttlar, Johannes, *Reisen in die Ewigkeit.* Econ 1973, engl.: *Journey to Infinity.* Wm. Collins Sons & Co., London, 1973
1974 Salisbury, Dr. F. H., *The Utah UFO Display.* Devin-Adair, Old Greenwich, Conn., 1974
1974 Sladek, Vincent, *The New Apocrypha.* Stein & Day, New York, 1974
1974 Berlitz, Charles F., *The Bermuda Triangle.* Doubleday, New York, 1974, dt: *Das Bermuda-Dreieck,* Paul Zsolnay Verlag, Wien/Hamburg, 1975
1975 Brennan, J. H., *Beyond the 4th Dimension.* Futura Publications, London, 1975
1975 Santesson, H. S., „More on Jessup and the Allende Case“, *Pursuit,* April 1975
1976 Strong, B. R., „The Allende Letters“, *Official UFO,* April 1976
1976 Elliott, A., „Were the Allende Letters a College Prank?“ *Pursuit,* April 1976
1976 Cohen, Daniel, *Mysterious Disappearances.* Dodd, Mead & Co., New York, 1976
1977 Berlitz, Charles F., *Without a Trace.* Doubleday, New York, 1977, dt: *Spurlos,* Paul Zsolnay Verlag, 1977
1977 Jeffrey, Adi-Kent T., *Parallel Universe.* Warner Books, New York, 1977
1977 „New Evidence-Top Secret, Government-Alien Liason?“ *UFO Pulse Analyzer,* Mai 1977
1977 Helms, Harry L., Jr., „The Carlos Allende Letters, Key to the UFO Mystery?“ *Argosy UFO Magazine,* Winter 1977/1978

1978 Simson, George E., und Burger, Neal R., *Thin Air.* Dell Publishing Co., New York, 1978

1978 Barker, Gray, Hsg., ,,Carlos Allende Speaks", Tonband. Saucerian Press, Clarksburg, W. Va.

1978 Moore, William L., ,,The Wizard of Electro-Gravity", *Saga UFO Report,* Mai 1978. Auszüge in diesem Buch mit freundlicher Genehmigung der Gambi Publications, Div. of Web Offset Industries, Brooklyn, N.Y.

## Schreiben des Marineministeriums vom 23. Juli 1976

*Original siehe Seite 99*

Im Lauf der Jahre erhielten wir unzählige Anfragen über das sogenannte „Philadelphia-Experiment" oder „Projekt" und die angebliche Rolle, die das Office of Naval Research (ONR) dabei spielte. Die Häufigkeit dieser Anfragen erhöht sich erwartungsgemäß jedesmal, wenn das Experiment in der Presse, oft auch in einem Science-Fiction-Roman, erwähnt wird.

Die Entstehung des Mythos vom Philadelphia-Experiment geht zurück bis zur Veröffentlichung des Buches *The Case for UFOs* im Jahr 1955, dessen Autor der verstorbene Dr. Morris K. Jessup ist, ein Wissenschaftler mit einem Doktorgrad in Astrophysik und einer vielseitigen Karriere.

Einige Zeit nach der Veröffentlichung des Buches erhielt Dr. Jessup einen Brief von einem Carlos Miguel Allende, der seine Adresse mit R.D. Nr. 1, Postfach 223, New Kensington, Pennsylvania, angab. In diesem Brief kommentierte Allende Dr. Jessups Buch und nannte Einzelheiten über ein angebliches geheimes Schiffsexperiment im Jahr 1943 in Philadelphia. Laut Allende wurde während des Experiments ein Schiff unsichtbar gemacht und innerhalb weniger Minuten nach Norfolk und zurück teleportiert, mit schrecklichen Nachwirkungen für die Mannschaftsmitglieder. Dieses unglaubliche Kunststück soll durch Anwendung von Einsteins niemals vollendeter „Einheitlichen Feldtheorie" vollbracht worden sein. Allende behauptete, daß er von einem anderen Schiff aus Zeuge des Experiments war und daß in einer Tageszeitung von Philadelphia über den Vorfall berichtet wurde. Weder die Identität von Allende noch die der Zeitung wurde jemals festgestellt.

Im Jahr 1956 wurde ein Exemplar von Jessups Buch per Post anonym an Admiral Furth, den Leiter der Naval Research, geschickt. Die Seiten des Buches waren mit handgeschriebenen Kommentaren und Marginalien übersät, die offenbar von drei verschiedenen Personen vorgenommen wurden, die das Buch einander weitergereicht hatten. Die Notizen ließen Kenntnisse über UFOs, deren Fortbewegungsmittel und allgemein über Kultur und Ethos der Wesen in diesen UFOs durchblicken.

Auf dieses Buch wurden zwei Offiziere aufmerksam, die damals dem ONR zugeteilt waren und sich zufällig persönlich für das Thema interessierten. Sie waren es, die mit Dr. Jessup in Verbindung traten und ihn baten, sich sein Buch anzusehen. Aus der Terminologie und dem Stil eines der Schreiber der Anmerkungen schloß Dr. Jessup, daß der Schreiber dieselbe Person war, die ihm über das Philadelphia-Experiment berichtet hatte. Es waren auch diese beiden Offiziere, die persönlich das Buch abschreiben ließen und die Veröffentlichung von 25 maschingeschriebenen Exemplaren veranlaßten. Die Offiziere haben das ONR vor vielen Jahren mit ihrem persönlichen Eigentum verlassen, und wir besitzen nicht einmal Akten-Exemplare des mit Anmerkungen versehenen Buches.

Das Office of Naval Research hat niemals eine offizielle Studie des Manuskripts angeordnet. Was das Philadelphia-Experiment selbst betrifft, hat das ONR weder 1943 noch zu irgendeiner anderen Zeit irgendwelche Untersuchungen über Unsichtbarkeit angestellt. (Das ONR wurde 1946 gegründet.) Unter Berücksichtigung des derzeitigen Standes der Wissenschaft glauben unsere Wissenschaftler nicht, daß ein solches Experiment möglich sein könnte, außer im Bereich der Science Fiction. Eine wissenschaftliche Entdeckung von solcher Tragweite könnte, falls sie sich tatsächlich ereignet hätte, wohl kaum für so lange Zeit Geheimnis bleiben.

Ich hoffe, Ihnen mit dieser Beantwortung Ihrer Anfrage gedient zu haben.

Hochachtungsvoll